totem 2

méthode de français **A2**

Marie-José Lopes – Jean-Thierry Le Bougnec

hachette
FRANÇAIS LANGUE ÉTRANGÈRE

Crédits photographiques et droits de reproduction

• Photos de couverture :

Plat 1 : © Céline Lixon – **Rabat intérieur avant :** La Loire : © Jean-Pierre Salle, Nantes Just Imagine – **Rabat intérieur arrière :** Le bateau lavoir : © Jean-Pierre Salle, Nantes Just Imagine – **Photos des personnages et du tournage :** Krysalid Films

• Photos de l'intérieur du manuel :

Pages d'ouverture : Nicolas Piroux.

p. 10 : *L'absence - café à Nantes* et *Balade en bord de Loire* : © Jean-Pierre Salle, Nantes Just Imagine ; *La maison Courcoult* : © Jean-Dominique Billaud, Nantes Just Imagine – **p. 16 :** Capture d'écran Mom'artre : © www.momartre.com – **p. 29 :** Plan de Nice : © « Métropole Nice Côte d'Azur»– **p. 31 :** *Nu bleu III* de Matisse : © Succession H. Matisse + RMN ; *La sieste* de Matisse : © Succession H. Matisse + RMN ; *Pont Saint-Michel, Paris* de Matisse : © Succession H. Matisse + RMN – **p. 40 :** *La Valse* de Camille Claudel, vers 1893. Bronze. 43,2 x 23 x 34,3 cm. Christian Baraja. Musée Rodin, Paris. N° d'inventaire : S. 1013 ; *Camille Claudel travaillant à Sakountala dans son atelier et Jessie Lipscomb* de William Elborne, vers 1886. Épreuve gélatinoargentique. 15,2 x 9,8 cm. Musée Rodin, Paris. N° d'inventaire : Ph 1773 – **p. 45 :** *L'éléphant*, Jean-Pierre Salle, Nantes Just Imagine – **p. 52 :** © Ministère de l'écologie, du développement durable et de l'énergie ; Visuel de la campagne : © Conseil général du Finistère – **p. 54 :** Mercantour : © Parc national du Mercantour – **p. 57 :** *Le Flore* (photo en noir et blanc) : © Roger Viollet – **p. 66 et 74 :** © Pôle emploi – **p. 68 :** © Ministère des droits des femmes – **p. 71 :** Antigone : © CDDS Enguerand Bernand – **p. 104 :** Tract : © Union syndicale Solidaires – **p. 106 :** Logo Marseille-Provence 2013 : © Marseille-Provence 2013 – **p. 109 :** Photo du MucEM : © Photographe Lisa Ricciotti - R. Ricciotti et R. Carta architectes / MuCEM 2013.

Getty Images : p. 19 : Truffaut © Warner Bros/Contributeur – **p. 21 (bas) :** © Randy Plett – **p. 38 :** Foule © Ross Gilmore/Contributeur – **p. 57 (bas) :** Le Flore © Stuart Dee – **p. 71 :** Comédie française © Bruce Yuanyue Bi – **p. 80 :** Bord Seine © Jacques Loic – **p. 109 (haut) :** © Gamma-Rapho via Getty Images - R. Ricciotti et R. Carta architectes/MuCEM 2013

Roger-Viollet : p. 19 : Portrait de Truffaut © Jean Marquis/BHVP/Roger-Viollet

Corbis : p. 38 : Eléphant © Alex Masi/Corbis – **p. 45 :** Eléphant © Alex Masi/Corbis – **p. 45 :** Géant © Rainer Jensen/DPA/Corbis– **p. 71 :** Don Juan © Thierry Orban/Sygma/Corbis

Photononstop : p. 97 : Mine © Charlie Abad/Photononstop

RMN : p. 103 : *Juliette Récamier* (1777-1849), née Bernard ; commandé à Gérard lorsque David renonça à terminer le portrait aujourd'hui au Louvre ; P.1581 ; Gérard François Pascal Simon, baron (1770-1837) ; Paris, musée Carnavalet ; © RMN-Grand Palais/ Agence Bulloz – **p. 103 :** Aquarelle sur page de carnet (1934), Kandinsky Vassily (1866-1944) peintre ; Droits d'auteur : © ADAGP ; Crédit photographique : © Centre Pompidou, MNAM-CCI, Dist. RMN-Grand Palais/Droits réservés ; Période : 20e siècle, période contemporaine de 1914 à nos jours ; Technique/Matière : aquarelle ; Hauteur : 0.340 m. Longueur : 0.230 m. ; Localisation : Paris, musée national d'Art moderne ; Centre Georges Pompidou ; Acquisition : Legs de Nina Kandinsky (Neuilly-sur-Seine) en 1981 ; N° d'inventaire : AM81-65-146

Autres : Shutterstock

• Vidéo : p. 19 : « Baisers volés » de François Truffaut : © 1968, Les films du Carrosse/Contact Éditions/Les productions Artistes Associés – **p. 31 :** © www.nicetourisme.com – **p. 71 :** © TF1 – **p. 83 :** © Du côté de chez vous – **p. 97 :** ZapDesign.com/Pascal Nottoli/ Véronique Thouvenin – **p. 109 :** © TF1

Nous avons fait notre possible pour obtenir les autorisations de reproduction des documents publiés dans cet ouvrage. Dans le cas où des omissions ou des erreurs se seraient glissées dans nos références, nous y remédierons dans les éditions à venir.

Tous nos remerciements à :

– Jean-Marc Giri, producteur (Veilleur de nuit) ; l'équipe de tournage (Krysalid Films) ;
  Cyril Olivier, metteur en scène et réalisateur ; Gil Rabier, scénariste.
– La ville de Nantes : Florence Guédas, Nantes Saint-Nazaire International Agency ;
  Katia Forêt, Nantes Tourisme.
– TV5MONDE : Michèle Jacob-Hermès et Evelyne Pâquier.
– Gabrielle Chort pour la relecture.
– Nelly Mous pour les pages DELF.
– Lucas Malcor pour les dialogues interactifs.

Couverture : Nicolas Piroux
Conception graphique : Nicolas Piroux
Mise en page : Valérie Goussot
Secrétariat d'édition : Astrid Rogge
Cartographie : Pascal Thomas, Hachette éducation
Illustrations : Bruno David p. 26, 78, 80
Enregistrements audio, montage et mixage : Quali'sons

ISBN 978-2-01-156055-1

© HACHETTE LIVRE, 2014
43, quai de Grenelle – F 75905 Paris Cedex 15, France.
http://www.hachettefle.fr

Avant-propos

Chers collègues,

C'est sur la base de notre expérience de professeurs de FLE qu'est né *Totem*.

Totem 2 s'adresse à un public de grands adolescents et adultes et correspond au niveau A2 du CECRL. À la fin de *Totem 2*, les apprenants peuvent se présenter à l'épreuve du DELF A2.

Totem 2 est composé de 8 dossiers comprenant chacun :
- une page contrat ;
- 4 leçons (une double page = une leçon) ;
- une double page regroupant des activités de réemploi ;
- une page « Action ! » proposant un projet.

Totem se construit autour d'une sitcom basée sur la rencontre de deux familles françaises à Nantes. Chaque épisode de la vidéo structure le dossier : il en donne le thème, les savoir-faire, les contenus linguistiques.

L'épisode est exploité comme un support de compréhension dans la première leçon de chaque dossier ; les deux leçons suivantes s'appuient sur des supports écrits et oraux variés et complémentaires. La quatrième leçon, « Faits et gestes » et « Culture », permet de revenir à l'épisode vidéo. Ce qui était indices, repérages, aides à la compréhension devient savoir et savoir-faire. Notre objectif est de développer des références culturelles partagées. Notre travail avec *Totem* s'inspire de l'expérience de l'apprentissage en immersion : associer et comparer pour mieux s'approprier le comportement des Français (gestes, mimiques, attitudes...).

Notre activité de professeurs de FLE, au sein de groupes culturellement hétérogènes, nous a particulièrement sensibilisés au non-verbal, au langage du corps. Un même geste peut avoir de multiples significations, un sourire n'exprime pas nécessairement la joie, un rapprochement peut sembler menaçant. C'est de cette expérience qu'est née l'approche que nous proposons.

Fidèles à l'approche communicative, nous l'enrichissons d'une perspective actionnelle. Nous gardons le savoir comprendre, la construction progressive du sens, la découverte de la langue au service de la réalisation d'actions réelles et réalistes.

Les démarches que nous proposons sont balisées et structurées. Simples d'utilisation pour votre enseignement, elles sont rassurantes pour vos élèves.

Nous espérons que vous éprouverez autant de plaisir à utiliser *Totem* que nous en avons eu à le réaliser.

Bien à vous,

Marie-José Lopes et Jean-Thierry Le Bougnec

Mode d'emploi

La structure du livre de l'élève :

- 8 dossiers de 4 leçons + une action collective
- des évaluations de type DELF
- des annexes :
  - un glossaire du cinéma
  - un précis de phonétique
  - un précis de grammaire
  - un précis de conjugaison
  - un lexique multilingue
  - les transcriptions
  - une carte de France et une carte de la francophonie

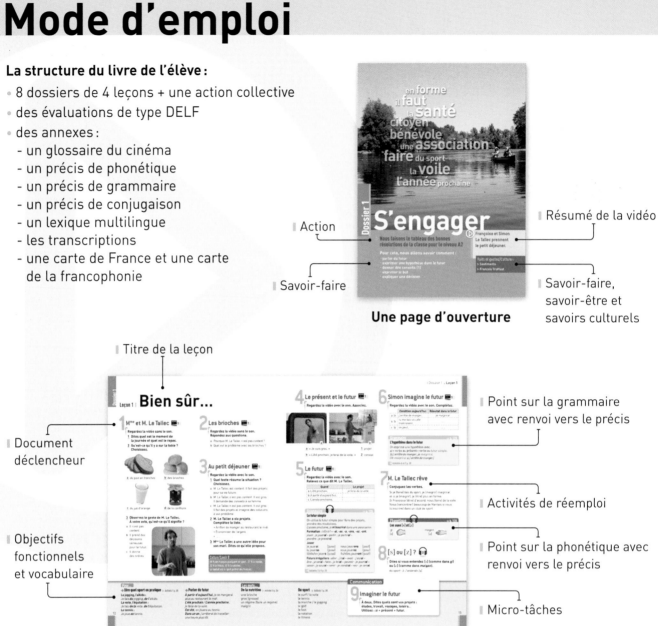

| Action | Résumé de la vidéo |
| Savoir-faire | Savoir-faire, savoir-être et savoirs culturels |

Une page d'ouverture

Titre de la leçon	
Document déclencheur	Point sur la grammaire avec renvoi vers le précis
Objectifs fonctionnels et vocabulaire	Activités de réemploi
	Point sur la phonétique avec renvoi vers le précis
	Micro-tâches

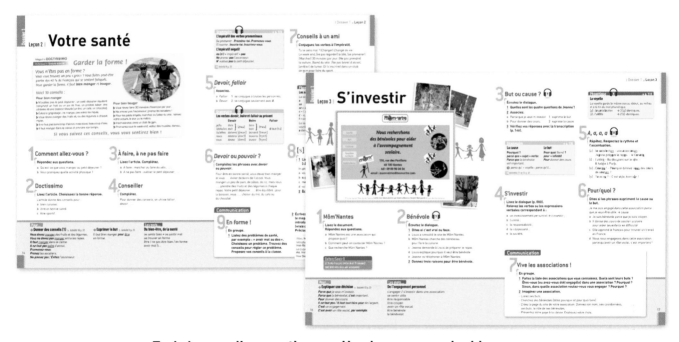

Trois leçons d'apprentissage. Une leçon = une double page.

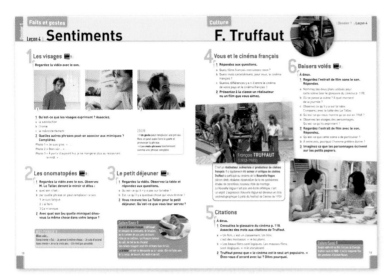

Une double page *Faits et gestes/Culture*
pour observer et comprendre les implicites culturels de la vidéo.
Des documents pour développer des « savoir-être/savoir-faire/savoirs ».

Une double page *Entraînement*
pour systématiser et renforcer les acquis.

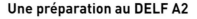

Une page *Action !*
auto-évaluée pour mettre en œuvre des savoir-faire du dossier.

Une préparation au DELF A2
tous les deux dossiers.

Tableau des contenus

Raconter	Savoir-faire	Lexique	Grammaire	Phonétique
C'était étonnant ! Leçon 9	Décrire une situation dans le passé Faire une description Faire un commentaire sur un événement passé	Le commentaire appréciatif Le spectacle de rue	L'imparfait Le passé composé (1)	Mot phonétique, rythme, accentuation, continuité
Camille Claudel Leçon 10	Situer dans le temps Indiquer la chronologie Comprendre une biographie	L'art La folie La biographie	Le passé composé (2) *S'installer* au passé composé La chronologie (*avant de* + infinitif ; *après* + déterminant + nom)	La liaison
Changement de vie Leçon 11	Raconter un changement de vie	Le parcours professionnel Le changement	Le passé composé et l'imparfait *Il y a – pendant*	Les enchaînements
Cultures Leçon 12 ▷ **Un café ?** ▷ **Le Royal de Luxe**				

Action ! **Nous faisons un dictionnaire biographique.**

S'exprimer	Savoir-faire	Lexique	Grammaire	Phonétique
Ouais, c'est ça... Leçon 13	Exprimer ses goûts Annoncer une nouvelle (bonne ou mauvaise)	Les loisirs Des expressions	*Ce que... c'est / Ce qui... c'est* La passé récent	Les sons [ʃ] et [ʒ]
Écologie Leçon 14	Présenter un problème et donner des solutions	La protection et l'environnement	La cause La conséquence	Les sons [ʃ] et [ʒ] : graphie
Le loup Leçon 15	Donner une opinion (1)	Les animaux La nature	Le pluriel des mots en *-al* *Penser que / Trouver que* + verbe à l'indicatif Les pronoms COD	Les sons [s] – [ʃ] et [z] – [ʒ]
Cultures Leçon 16 ▷ **Au café** ▷ **Le Flore**				

CAFE DE FLORE

Action ! **Nous faisons un flyer pour un village de vacances écologique.**

Tableau des contenus

Consommer	Savoir-faire	Lexique	Grammaire	Phonétique
C'est pas possible ! Leçon 25	Poser des questions sur un objet Désigner un objet Dire la matière	Les accessoires de cuisine La caractérisation d'un objet Les formes	Le pronom interrogatif *lequel* Les pronoms démonstratifs	Les nasales [ɛ̃] ([ɛ̃], [œ̃]), [ɔ̃], [ɑ̃]
Pub magazine Leçon 26	Comprendre une publicité écrite Vanter les qualités d'un objet (1)	Le smartphone (l'image, le son, la fonction) La publicité (1)	Le gérondif La nominalisation	La dénasalisation : [ɔ̃] / [ɔn] – [ɔm], [ɑ̃] / [an] – [am], [ɛ̃] / [in] – [im]
Pub radio Leçon 27	Comprendre une publicité orale Vanter les qualités d'un objet (2)	Le multimédia La promotion La publicité (2)	La troncation Le pronom *en*	Le mot phonétique
Cultures Leçon 28 ▷ **La surprise** ▷ **Biennale**				

Action ! Nous créons une publicité écrite.

Discuter	Savoir-faire	Lexique	Grammaire	Phonétique
La culture pour tous Leçon 29	Donner son avis	L'art L'appréciation Les mots familiers	La négation (*ne... rien/ personne / jamais / plus*) Les niveaux de langue	Les sons [k] et [g]
Manif... Leçon 30	Comprendre un tract Revendiquer	La revendication Le travail Le social	Phrase simple / Phrase complexe ; Indicatif / Subjonctif (2)	Les sons [k] et [g] : graphie
L'actu des régions Leçon 31	Organiser son discours (2) Décrire, caractériser, situer	Les loisirs / Le tourisme La mer	La phrase complexe avec proposition infinitive Les prépositions (de lieu, de manière, verbales)	Les sons [t] et [d]
Cultures Leçon 32 ▷ **Réactions** ▷ **Le MuCEM**				

Action ! Nous écrivons un tract.

Nantes, la Loire et son estuaire

L'absence - café à Nantes

La maison Courcoult

Balade
en bord
de Loire

en forme
il faut
la santé
citoyen
bénévole
une association
faire du sport
la voile
l'année prochaine

S'engager

> Nous faisons le tableau des bonnes
résolutions de la classe pour le niveau A2

Pour cela, nous allons savoir comment :

* parler du futur
* exprimer une hypothèse dans le futur
* donner des conseils (1)
* exprimer le but
* expliquer une décision

▷ Françoise et Simon
Le Tallec prennent
le petit déjeuner.

Faits et gestes/Culture :
▷ Sentiments
▷ François Truffaut

Leçon 1 | Bien sûr...

1. Mᵐᵉ et M. Le Tallec 1

Regardez la vidéo sans le son.

1 Dites quel est le moment de la journée et quel est le repas.

2 Qu'est-ce qu'il y a sur la table ? Choisissez.

a du pain en tranches

b des brioches

c du jus d'orange

d de la confiture

3 Observez le geste de M. Le Tallec. À votre avis, qu'est-ce qu'il signifie ?

a Il n'est pas content.

b Il prend des décisions sérieuses pour le futur.

c Il donne des ordres.

2. Les brioches 1

Regardez la vidéo sans le son. Répondez aux questions.

a Pourquoi M. Le Tallec n'est pas content ?

b Quel est le problème avec les brioches ?

3. Au petit déjeuner 1

Regardez la vidéo avec le son.

1 **Quel texte résume la situation ? Choisissez.**

a M. Le Tallec est content. Il fait des projets pour sa vie future.

b M. Le Tallec n'est pas content. Il est gros. Il demande des conseils à sa femme.

c M. Le Tallec n'est pas content. Il est gros. Il fait des projets et imagine des solutions à son problème.

2 **M. Le Tallec a six projets. Complétez la liste.**

- Arrêter de manger au restaurant le midi.
- Économiser de l'argent.
- ___

3 **Mᵐᵉ Le Tallec a une autre idée pour son mari. Dites ce qu'elle propose.**

> **Culture/Savoir**
>
> 54 % des Français pratiquent un sport : 27 % la marche, 22 % le fitness, 12 % la natation.
> Le football est le sport préféré des Français.

Pour...

→ Dire quel sport on pratique ▷ Activité 1 p. 20

Le jogging, l'aïkido :
Je fais du jogging, de l'aïkido.
La voile, l'équitation :
Je fais de la voile, de l'équitation.
Le tennis :
Je joue au tennis.

→ Parler du futur

À partir d'aujourd'hui, je ne mangerai plus au restaurant le midi.
L'été prochain / L'année prochaine, *je ferai de la voile.*
Cet été, *on jouera au tennis.*
Dans un an, *j'arrêterai de travailler une heure plus tôt.*

Les mots...

De la nutrition ▷ Activité 2 p. 20

une brioche
gros (grosse)
un régime (faire un régime)
maigrir

4. Le présent et le futur 1

Regardez la vidéo avec le son. Associez.

a | « Je suis gros. »   1 | projet

b | « L'été prochain, je ferai de la voile. »   2 | constat

5. Le futur 1

Regardez la vidéo avec le son.
Relevez ce que dit M. Le Tallec.

Quand	Le projet
a L'été prochain,	je ferai de la voile.
b À partir d'aujourd'hui,	—
c L'année prochaine,	—

Grammaire 2   → p. 128

Le futur simple

On utilise le futur simple pour faire des projets,
prendre des résolutions.
*L'année prochaine, je **m'inscrirai** dans une association.*
Formation : infinitif + **-ai, -as, -a, -ons, -ez, -ont**.
*jouer : je jouer**ai** – partir : je partir**ai** –*
*prendre : je prendr**ai***

Jouer
je jouer**ai**   [ʒuʀe]   nous jouer**ons**   [ʒuʀɔ̃]
tu jouer**as**   [ʒuʀa]   vous jouer**ez**   [ʒuʀe]
il/elle/on jouer**a** [ʒuʀa]   ils/elles jouer**ont** [ʒuʀɔ̃]

Futurs irréguliers : *aller : j'irai – avoir : j'aurai –*
être : je serai – faire : je ferai – pouvoir : je pourrai –
savoir : je saurai – venir : je viendrai – voir : je verrai

▷ Activités 3 à 5 p. 20

6. Simon imagine le futur 1

Regardez la vidéo avec le son. Complétez.

	Condition aujourd'hui	Résultat dans le futur
a Si	j'arrête de manger,	*je maigrirai.*
b Si	tu me fais un café maintenant,	—
c Si	on peut,	—

Grammaire   → p. 128

L'hypothèse dans le futur

On exprime une hypothèse avec :
si + verbe au **présent** + verbe au **futur simple**.
*Si j'**arrête** de manger, je **maigrirai**.*
*(Je **maigrirai** si j'**arrête** de manger.)*

▷ Activités 6 et 7 p. 20

7. M. Le Tallec rêve

Conjuguez les verbes.

Si je (faire) *fais* du sport, je (maigrir) *maigrirai*,
et si je (maigrir), je (être) plus en forme.
Si Françoise (être) d'accord, nous (faire) de la voile.
Nous (rencontrer) beaucoup de Nantais si nous
(s'inscrire) dans un club de sport.

Phonétique 3   → p. 120

Les sons [s] et [z]

si   *maison*
[s]   [z]

8. [s] ou [z] ? 3

Dites si vous entendez [s] (comme dans *si*)
ou [z] (comme dans *maison*).

du sport → J'entends [s].

Communication

Du sport ▷ Activité 1 p. 20

le surf / la voile
le tennis
la marche / le jogging
le golf
le foot
la natation
le fitness

9. Imaginer le futur

À deux. Dites quels sont vos projets :
études, travail, voyages, loisirs...
Utilisez : *si* + présent + futur.

Leçon 2 | Votre santé

Magazine **DOCTISSIMO**
Rubrique >> **Votre santé**

Garder la forme !

Vous n'êtes pas en forme ?

Vous vous trouvez un peu « gros » ? Vous faites peut-être partie des 40 % de Français qui se sentent fatigués. Pour garder la forme, il faut **bien manger** et **bouger**.

Voici 10 conseils :

Pour bien manger

➤ N'oubliez pas le petit déjeuner : un petit déjeuner équilibré comprend un fruit ou un jus de fruit, un produit laitier, des céréales et une boisson chaude (un thé, un café, un chocolat).

➤ Évitez le grignotage : ne mangez pas entre les repas.

➤ Vous devez manger des fruits et/ou des légumes à chaque repas.

➤ Il ne faut pas boire trop d'alcool, mais buvez beaucoup d'eau.

➤ Il faut manger dans le calme et prendre son temps.

Pour bien bouger

➤ Vous devez faire 30 minutes d'exercice par jour.

➤ Ne prenez pas l'ascenseur, prenez les escaliers !

➤ Pour les petits trajets, marchez ou faites du vélo : laissez votre voiture, le bus ou le métro.

➤ Inscrivez-vous dans un club de gym.

➤ Promenez-vous le week-end, visitez des musées, dansez...

Si vous suivez ces conseils, vous vous sentirez bien !

---

1 Comment allez-vous ?

Répondez aux questions.

a Qu'est-ce que vous mangez au petit déjeuner ?

b Vous pratiquez quelle activité physique ?

2 Doctissimo

Lisez l'article. Choisissez la bonne réponse.

L'article donne des conseils pour :

a bien cuisiner.

b être en bonne santé.

c être sportif.

3 À faire, à ne pas faire

Lisez l'article. Complétez.

a À faire : *marcher ou faire du vélo*, __

b À ne pas faire : *oublier le petit déjeuner*, __

4 Conseiller

Complétez.

Pour donner des conseils, on utilise *falloir*, *devoir*, __

Pour...

→ **Donner des conseils (1)** ▷ Activité 10 p. 21

Vous devez <u>manger</u> *des fruits et des légumes.*
Vous ne devez pas <u>manger</u> *entre les repas.*
Il faut <u>manger</u> *dans le calme.*
Il ne faut pas <u>boire</u> *d'alcool.*
Promenez-vous.
Prenez *les escaliers.*
Ne prenez pas / Évitez *l'ascenseur.*

→ **Exprimer le but** ▷ Activité 9 p. 21

*Il faut bien manger **pour** <u>être</u> en forme.*

Les mots...

Du bien-être, de la santé

se sentir bien ≠ se sentir mal
se trouver en forme
être / ne pas être bien / en forme
avoir mal à...

Grammaire 🎧 4 → p. 128

L'impératif des verbes pronominaux

Se promener : **Promène-toi. Promenez-vous.**
S'inscrire : **Inscris-toi. Inscrivez-vous.**

L'impératif négatif

ne (n') + impératif + **pas**
Ne prenez **pas** l'ascenseur.
N'oubliez **pas** le petit déjeuner.

> Activité 8 p. 21

5. *Devoir, falloir*

Associez.

a *Falloir*   1 se conjugue à toutes les personnes.
b *Devoir*   2 se conjugue seulement avec *il*.

Grammaire 🎧 5

Les verbes *devoir, boire* et *falloir* au présent

	Devoir	Boire	Falloir
je/tu	dois ⎫	bois ⎫	
il/elle/on	doit ⎬ [dwa]	boit ⎬ [bwa]	il faut [fo]
ils/elles	doivent [dwav]	boivent [bwav]	
nous	devons [dəvɔ̃]	buvons [byvɔ̃]	
vous	devez [dəve]	buvez [byve]	

6. *Devoir* ou *pouvoir* ?

Complétez les phrases avec *devoir* ou *pouvoir*.

Pour être en bonne santé, vous *devez* bien manger et vous ___ éviter de boire de l'alcool. Vous ___ manger un peu de pain, de pâtes, de riz, mais vous ___ prendre des fruits et des légumes à chaque repas. Votre petit déjeuner ___ être équilibré ; pour la boisson, vous ___ choisir du thé, du café ou du chocolat.

7. Conseils à un ami

Conjuguez les verbes à l'impératif.

Tu te sens mal ? (Changer) *Change* de vie.
Le week-end, (ne pas regarder) la télé, (se promener).
(Marcher) 30 minutes par jour. (Ne pas prendre) ta voiture, (faire) du vélo. (Ne pas boire) d'alcool, (arrêter) de fumer. Et (s'inscrire) dans un club de gym pour faire du sport.

Phonétique 🎧 6 → p. 121

Les sons [s] et [z]

Le son [s] s'écrit :

s	**s**anté – con**s**eil – bu**s**
ss	boi**ss**on
sc + a, e, i, y	a**sc**enseur
c + i, e, y	exer**c**i**c**e
ç + a, o, u	fran**ç****ai**s
t + ion	inscrip**tion**

Le son [z] s'écrit :
voyelle + **s** + voyelle vi**s**iter
s dans les liaisons vou**s** êtes

8. [s] ou [z] ? 🎧 6

1 Lisez les mots. Dites si on prononce [s] ou [z].

le sport → On prononce [s].

a vou**s**_avez
b **s**upérieur
c me**s**urer
d voi**c**i
e l'e**s**calier
f vi**s**iter
g dan**s**er
h des mu**s**ées

2 Écoutez pour vérifier.

Communication

9. En forme !

En groupe.

1 Listez des problèmes de santé, par exemple : « avoir mal au dos ». Choisissez un problème. Trouvez des conseils pour régler ce problème. Proposez vos conseils à la classe.

2 Écrivez une rubrique santé pour le magazine *Doctissimo*. Faites une introduction. Donnez des pourcentages (vrais ou faux). Donnez cinq conseils. Précisez dans quel but vous les donnez.

> **Titre :** Votre santé : le mal de dos
> **Introduction :** Vous avez mal au dos ? Vous êtes comme X % de...
> **Les 5 conseils :** Pour ne pas avoir mal au dos, tenez-vous droit...
> **Pour finir :** Si vous suivez ces conseils, vous...

S'investir

RÉSEAU **môm'artre**
un service pour les familles du quartier

Garde

Art

Culture

Soutien
scolaire

Animations

môm'
NANTES

*Nous recherchons
des bénévoles pour aider
à l'accompagnement
scolaire.*

150, rue des Pavillons
44 100 Nantes
tél : 09 80 96 04 54
email : momnantes@momartre.com

Galeries photos

Galeries vidéos

| Se connecter | Plan du site | Admin | ASite créé bénévolement par BéatriceMonnot, Rozenn Mainguené et Jean-Michel Pailherey

1. Môm'Nantes

**Lisez le document.
Répondez aux questions.**

a Môm'Nantes est une association qui
  propose quoi ?

b Comment peut-on contacter Môm'Nantes ?

c Que recherche Môm'Nantes ?

Culture/Savoir
22 % des Français (entre 14 et 15 millions)
sont bénévoles dans une association.

2. Bénévole 🎧 7

Écoutez le dialogue.

1 Dites si c'est vrai ou faux.

a Louis a consulté le site de Môm'Nantes.

b Môm'Nantes cherche des bénévoles
  pour faire la cuisine.

c Jeanne demande à Louis de préparer le repas.

d Louis explique pourquoi il veut être bénévole.

e Jeanne va téléphoner à Môm'Nantes.

2 Donnez trois raisons pour être bénévole.

Pour...

→ Expliquer une décision ▷ Activité 13 p. 21

Parce que je veux m'investir.
Parce que le bénévolat, *c'est* important.
Pour donner des cours.
Il ne faut pas / *Il faut tout faire pour* de l'argent.
C'est un engagement.
C'est avoir un rôle social, *par exemple*.

Les mots...

De l'engagement personnel

s'engager / s'investir dans une association
se sentir utile
être responsable
être citoyen
avoir un rôle social
être bénévole
le bénévolat

3. But ou cause ? 🎧 7

Écoutez le dialogue.

1 Quelles sont les quatre questions de Jeanne ?

2 Associez.

a Parce que je veux m'investir.   1 exprime le but
b Pour donner des cours.   2 exprime la cause

3 Vérifiez vos réponses avec la transcription (p. 146).

Grammaire → p. 130

La cause	Le but
Pourquoi ?	**Pour quoi** (faire) **?**
parce que + sujet + verbe	*pour* + infinitif
Parce que le bénévolat est important.	*Pour* donner des cours.

❶ *parce qu'* + voyelle : *parce qu'il...*

▶ Activités 11 et 12 p. 21

---

4. S'investir

Lisez le dialogue (p. 146).
Relevez les verbes ou les expressions verbales correspondant à :

a un investissement personnel → *s'investir* ;
b l'utilité ;
c la responsabilité ;
d la citoyenneté ;
e la société.

Phonétique 🎧 8 → p. 119

La voyelle

La voyelle garde le même son au début, au milieu et à la fin du mot phonétique.
[a] : *la satisfaction* → 3 [a] identiques.
[i] : *l'utilité* → 2 [i] identiques.

---

5. A, a, a, a 🎧 8

Répétez. Respectez le rythme et l'accentuation.

[a] : la satisfaction – une association –
Jeanne prépare le repas. – le Canada
[i] : l'utilité – Ils discutent sur le site. –
Il habite à Paris.
[u] : Coucou ! – Pourquoi donnez-vous des cours
de soutien ?
[y] : Tu as vu ? – C'est utile, bien sûr !

---

6. Pour/quoi ?

Dites si les phrases expriment la cause ou le but.

Je me suis engagé dans cette association parce que je veux être utile. → cause

a Je suis bénévole parce que je suis citoyen.
b Il donne des cours de soutien scolaire
pour aider les enfants en difficulté.
c Elle apprend le français pour trouver un travail
en France.
d Nous nous engageons dans cette association
parce qu'avoir un rôle social, c'est important !

Communication

7. Vive les associations !

En groupe.

1 Faites la liste des associations que vous connaissez. Quels sont leurs buts ?
Êtes-vous (ou avez-vous été) engagé(e) dans une association ? Pourquoi ?
Sinon, dans quelle association voulez-vous vous engager ? Pourquoi ?

2 Imaginez une association.

– Listez ses buts.
– Cherchez des bénévoles (dites pourquoi et pour quoi faire).
– Créez la page du site de votre association. Donnez son nom, ses coordonnées,
ses buts, le rôle de ses bénévoles.
– Présentez votre page à la classe. Expliquez votre choix.

Leçon 4 | # Sentiments

1. Les visages  1

Regardez la vidéo avec le son.

1

2

3

1 Qu'est-ce que les visages expriment ? Associez.

a la satisfaction

b l'ironie

c le mécontentement

2 Quelles autres phrases peut-on associer aux mimiques ? Complétez.

Photo 1 « Je suis gros. » —

Photo 2 « Bien sûr... » —

Photo 3 « À partir d'aujourd'hui, je ne mangerai plus au restaurant le midi. » —

ZOOM

→ **Un geste** peut remplacer une phrase. Mais on peut aussi faire le geste et prononcer la phrase.

→ **Les mots-phrases** fonctionnent comme une phrase complète.

2. Les onomatopées  1

1 Regardez la vidéo avec le son. Observez M. Le Tallec devant le miroir et dites :

a quel son il fait ;

b par quelle phrase on peut remplacer ce son.

 1 Je suis fatigué.

 2 J'ai faim.

 3 Ça m'ennuie.

2 Avec quel son (ou quelle mimique) dites-vous la même chose dans votre langue ?

MOT-PHRASE

Bien sûr...

Sans ironie = *Oui. – Je pense la même chose. – Je suis d'accord.*

Avec ironie = *Je ne te crois pas. – Ce n'est pas possible.*

3. Le petit déjeuner  1

1 Regardez la vidéo. Observez la table et répondez aux questions.

a Qu'est-ce qu'il n'y a pas sur la table ?

b Est-ce qu'il y a quelque chose qui vous étonne ?

2 Vous recevez les Le Tallec pour le petit déjeuner. Qu'est-ce que vous leur servez ?

Culture/Savoir

Le petit déjeuner français traditionnel se compose de croissants, de brioches ou de tartines de pain avec du beurre et/ou de la confiture. Les Français boivent du café, du thé ou du chocolat.

Les enfants mangent aussi des céréales dans du lait.

La brioche est née en Normandie au XVIᵉ siècle. Elle est faite avec de la farine, du beurre, des œufs et du lait.

F. Truffaut

4. Vous et le cinéma français

1 Répondez aux questions.

a Quels films français connaissez-vous ?

b Quels mots caractérisent, pour vous, le cinéma français ?

c Quelles différences y a-t-il entre le cinéma de votre pays et le cinéma français ?

2 Présentez à la classe un réalisateur ou un film que vous aimez.

François **TRUFFAUT**
(1932-1985)

C'est un **réalisateur**, **scénariste** et **producteur de cinéma français**. Il a également été **acteur** et **critique de cinéma**. **Truffaut** a participé au cinéma de la **Nouvelle Vague** : décors réels, réalisme, observation de la vie quotidienne, études de caractères, nouveau style de montage… La Nouvelle Vague n'est pas une école artistique, c'est un esprit. L'expression *Nouvelle Vague* est devenue un style cinématographique à partir du Festival de Cannes de 1959.

5. Citations

À deux.

1 Consultez le glossaire du cinéma p. 118. Associez des mots aux citations de Truffaut.

a « Un film, c'est un classement. Un film, c'est des morceaux. » → *les plans*, ___

b « Les beaux films sont logiques. Les mauvais films sont illogiques. » → *le storyboard*, ___

2 Truffaut pense que « le cinéma est le seul art populaire. » Êtes-vous d'accord avec lui ? Dites pourquoi.

6. Baisers volés 🎞2

À deux.

1 Regardez l'extrait de film sans le son. Répondez.

a Nommez les deux plans utilisés pour cette scène (voir le glossaire du cinéma p. 118).

b Où se passe la scène ? À quel moment de la journée ?

c Observez ce qu'il y a sur la table. Comparez avec la table des Le Tallec.

d Qu'est-ce qui nous montre qu'on est en 1968 ?

e Observez les visages des personnages. Qu'est-ce qu'ils expriment ?

2 Regardez l'extrait de film avec le son. Répondez.

a Qu'est-ce que cette scène a de particulier ?

b À votre avis, pourquoi l'homme préfère écrire ?

3 Imaginez ce que les personnages écrivent sur les petits papiers.

Culture/Savoir
Baisés volés est un film français de François Truffaut sorti en 1968. C'est le troisième film des aventures d'Antoine Doinel.

19

Entraînement

―――――― ▪ Leçon 1 ――――――

1 Le sport

Associez puis faites une phrase comme dans l'exemple.

Exemple : Je fais de la marche le matin.

faire de la •
faire du •
jouer au •

• la natation
• le foot
• la marche
• le golf
• le jogging
• le tennis

2 Le bon mot

Relevez les mots de la nutrition.

se coucher – se promener – maigrir – faire du sport – aimer – une brioche – un diplôme – un régime – manger – rater – être gros(se) – écrire – bouger – être en forme – la santé

3 Charlotte part en week-end

Charlotte répond à Lisa. Complétez l'e-mail de Charlotte. Conjuguez les verbes au futur.

De : Lisa@gmail.com
À : Charlotte@gmail.com

Salut Charlotte !
Qu'est-ce que tu fais le week-end prochain ? Tu es libre ?
Bisous
Lisa

De : Charlotte@gmail.com
À : Lisa@gmail.com

Coucou Lisa,
Le week-end prochain, je ne suis pas libre. J'(aller) *irai* à Marseille voir ma tante. Je (partir) vendredi soir. J'(arriver) pour le dîner. Nous (manger) au restaurant et nous (visiter) une expo. Samedi, il (faire) beau et nous (pouvoir) nous promener. Et toi ? Tu (rester) à la maison ? Je t'(appeler) dimanche matin. On se (voir) la semaine prochaine.
Bisous
Charlotte

4 Le week-end prochain

M. Le Tallec parle au téléphone avec un ami. Conjuguez les verbes au futur.

– Salut Jo, ça va ? Alors, vous (venir) *viendrez* le week-end prochain ?
– Oui, bien sûr.
– Super ! Vous (rester) combien de jours ?
– Deux ou trois.
– Bien, alors vous (pouvoir) visiter Nantes. On (faire) aussi de la voile. Je (cuisiner) : on (manger) du poisson. On (aller) au concert samedi soir. Cécile (venir) avec nous et les enfants (sortir).
– OK !

5 Les habitudes de Jules

1 Écoutez Jules et transformez ses habitudes en projets.

Samedi, je me lèverai à 9 heures. Je ___

2 Écoutez pour vérifier.

6 Si c'est possible

Juliette pense à son futur. Complétez les phrases.

Exemple : Si je réussis mes examens, je pourrai partir en vacances.

a J'(acheter) beaucoup de vêtements si je (travailler) cet été.
b Si mes amis parisiens (venir), ils (visiter) Nantes.
c Cet été, je (faire) du sport si je ne (travailler) pas.
d Si Hugo (être) libre, nous (sortir) samedi soir.

7 Hypothèses

Finissez les phrases.

Exemple : Si je mange moins, je serai plus mince.

a S'il fait beau, ___
b Si j'économise un peu d'argent, ___
c Si je travaille moins, ___
d Si vous faites du sport, ___

8 Le sport après 50 ans

Conjuguez les verbes à l'impératif.

Vous voulez être en forme ? (Faire) *Faites*
du sport ! Si vous avez plus de 50 ans,
(ne pas commencer) seul(e). (Aller) chez
votre médecin et (faire) des examens.
Si votre médecin est d'accord, (se
préparer) : (se promener) souvent,
(marcher), (ne pas prendre) les
escaliers, (prendre) l'ascenseur.
(Ne pas courir) trop vite. Si vous
êtes prêt(e), (s'inscrire) à
un club de gym. (Ne pas faire)
les exercices seul(e),
(demander) des conseils
au professeur. Et puis,
(être) cool : (s'amuser) !

9 Dans quel but ?

Complétez les phrases pour indiquer le but.

Exemple : J'apprends le français pour parler français !

a Elle fait du sport ___
b Nous prenons le bus ___
c Tu t'inscris à la fac ___
d Vous travaillez ___
e Ils achètent un bateau ___

10 Arrêtez de fumer !

Donnez six conseils pour arrêter de fumer. Utilisez : *devoir, il faut, éviter,* **l'impératif affirmatif et négatif.**

11 Pour/quoi ?

Complétez avec *parce que/qu'* **ou** *pour.*

Exemple : Elle travaille pour vivre.

a Elle travaille ___ payer ses vacances.
b Il a raté ses examens ___ il n'a pas travaillé.
c Il s'est inscrit à la fac ___ avoir un Master.
d Nous partons en France ___ visiter Paris.
e Nous partons en France ___ nous aimons les voyages.

12 Pourquoi ?

Complétez les phrases pour indiquer la cause.

Exemple : J'apprends le français parce que je travaille en France.

a Elle fait du sport ___
b Nous prenons le bus ___
c Tu t'inscris à la fac ___
d Vous travaillez ___
e Ils achètent un bateau ___

13 Médecins sans frontières

Vous êtes Pierre : répondez à la question du journaliste. Utilisez : *parce que, je veux, c'est important, il faut, bien sûr, s'investir, se sentir, être bénévole.*

Journaliste : Pierre, vous êtes médecin et vous voulez partir en Afrique avec Médecins sans frontières. Pouvez-vous expliquer votre décision ?

Pierre : Je ___

Action !

Nous faisons le tableau des bonnes résolutions de la classe pour le niveau A2.

Pour cela, nous allons :

▷ Faire une liste personnelle de quatre résolutions (études, travail, amis, activités).

Par groupe

▷ Échanger et comparer les résolutions.

▷ Choisir quatre résolutions.

▷ Présenter sa liste de résolutions à la classe.

▷ Expliquer chaque résolution (*si* + présent + futur et *pour* + infinitif).

La classe

▷ Choisit trois résolutions par domaine et remplit l'affiche.

▷ Nomme le tableau.

▷ Illustre le tableau.

	Les études	Le travail	Les amis	Les activités
Résolution 1				
Pourquoi ?				
Résolution 2				
Pourquoi ?				
Résolution 3				
Pourquoi ?				

Votre avis nous intéresse :

	+	++	+++
L'échange des résolutions en groupe	❑	❑	❑
Le choix des résolutions avec la classe	❑	❑	❑

à louer

une terrasse

sud

meilleur

la clim

Tout à fait !

connexion

départ

arrivée

zut

Voyager

▷ **Nous choisissons une location de vacances en France**

Pour cela, nous allons savoir comment :

- exprimer la fréquence
- caractériser un logement
- comprendre une annonce d'appartement
- comparer des appartements
- indiquer un itinéraire
- justifier un choix

▶ **Lucie part en voyage.**

Faits et gestes/Culture :
- ▷ Vite dit !
- ▷ Nice

Leçon 5 | # Sympa ce site !

1. Devant l'ordinateur totem 3

Regardez la vidéo sans le son.

1 Dites quels objets on voit sur la table.

2 Qu'est-ce que les personnages expriment ? Associez.

a   b   c

1 l'ennui

2 la satisfaction

3 la surprise

4 la curiosité

5 le calme

6 la joie

3 À votre avis, qu'est-ce qui se passe ?

2. En ligne totem 3

Regardez la vidéo avec le son.

1 Répondez aux questions.

a Pourquoi est-ce que Lucie est sur Internet ?

b Quel est son problème ?

2 Complétez la page d'accueil du site.

🔍 TROUVER VOTRE VOYAGE

Rechercher un vol ⦿ Aller/Retour ◯ Aller simple

Départ	
Arrivée	
Départ le	07/09/14 à partir de
Retour le	13/09/14 à partir de 16 h 00
Trajet direct	X
Nombre de passagers	
Classe	2ᵉ

RECHERCHER

---

3. Clic totem 3

1 Regardez la vidéo avec le son. **Mettez les actions dans l'ordre.**

a Tu cliques sur « réserver ». → 1

b Tu tapes « Nantes ».

c Je choisis le vol.

d Je valide.

e Tu complètes la case « départ ».

2 Vérifiez vos réponses avec la transcription (p. 147).

Culture/Savoir
75 % des Français disposent d'une connexion Internet. (INSEE, février 2013)

Pour...

→ **Exprimer la fréquence** ▷ Activité 3 p. 32

*Je ne comprends **jamais**.*
*J'achète **toujours** les billets d'avion sur Internet.*
***Parfois**, je trouve Internet compliqué.*
*Je vais **souvent** sur Internet.*

Les mots...

→ **De l'Internet** ▷ Activité 1 p. 32

un ordinateur
une connexion
un site (de rencontres)
une page d'accueil
une case
surfer sur Internet

compléter / remplir une case
faire une recherche
cliquer sur
valider
taper
un réseau social

Grammaire → p. 123

Le présent

On utilise le présent pour :
– décrire une action en train de se passer :
  *Je **choisis** le vol de 13 h 50.*
– décrire une habitude, un état :
  *Je ne **suis** pas idiote.*
– parler du futur :
  *Tu **vas** à Nice ?*

▷ Activité 4 p. 32

Grammaire → p. 133 à 135

Des verbes au présent

choisir	*dire*
savoir + infinitif	*comprendre*
connaître + nom	*attendre*

4. Fréquence ou durée ?

**Regardez la vidéo avec le son.
Écoutez Lucie et choisissez.**

a « Je vais parfois / souvent / jamais sur Internet. »
b « Depuis / Dans / En un an, elle surfe sur Internet. »

Grammaire → p. 127

Depuis

On utilise ***depuis*** pour indiquer une action commencée dans le passé et qui continue dans le présent.
depuis + verbe au présent
Depuis *un an, Lucie <u>surfe</u> sur Internet.*

▷ Activité 2 p. 32

Phonétique 🎧 11 → p. 119

Les sons [i] et [y]

un s<u>i</u>te z<u>u</u>t
[i] [y]

5. [i] ou [y] ? 🎧 11

Écoutez et répétez.

iiiiiiiiiiiiii, uuuuuuuuuuuu.

6. Micro-trottoir 🎧 12

Écoutez le micro-trottoir. Utilisez *depuis* pour transformer les réponses.

Quand avez-vous commencé à lire le journal sur Internet ?
J'ai commencé à lire le journal sur Internet en 2000.
→ Depuis 14 ans, je lis le journal sur Internet.

7. Chatter

**Juliette chatte avec une copine.
Choisissez la bonne conjugaison.**

Juliette	Salut. Je ne ~~connaissez~~ / connais pas le programme en histoire. Tu sais / savent, toi ?
Lucie	Il faut choisir un thème. Moi, je choisissons / choisis la littérature moderne.
Juliette	Je comprends / comprend. Les profs ne dit / disent rien, ils ne savent / sait pas être clairs.
Lucie	Ils ne connait / connaissent pas nos goûts. C'est nous qui choisit / choisissons, c'est bien.
Juliette	Je te laisse, A +

Communication

8. Au téléphone

Un ami vous téléphone et vous demande de l'aider à réserver une chambre d'hôtel sur Internet. Vous lui dites comment faire.

9. Connectés de 9 à 99 ans !

À deux. Vous créez des modes d'emploi pour aider à utiliser Internet.

Exemple → Leçon 1 : Comment créer une adresse électronique ?
  – Aller sur Internet.
  – Trouver une messagerie gratuite.
  – Choisir un nom d'utilisateur et un mot de passe...

Leçon 2	Comment utiliser le courrier électronique ?
Leçon 3	Comment faire une recherche sur Internet ?
Leçon 4	Comment s'inscrire sur un réseau social ?
Leçon 5	Comment retrouver des amis ?

Leçon 6 | À louer

ACCUEIL	OÙ PARTIR	THÈMES	MER	SKI	GUIDE	MON COMPTE

ANNONCE 1> Centre-ville. Très beau et grand studio, très lumineux avec balcon. Proche gare SNCF. Grande cuisine équipée, salle de bains moderne, WC séparés. TV, Wi-Fi, Internet.
À partir de 260 € la semaine. 06.73.48.09.41
Résumé : Personnes [4] Lits doubles [1]
Canapés-lits [1] Salles de bains [1] WC [1]

260 € à 700 €
la semaine

ANNONCE 2> 500 m promenade des Anglais, 1 km gare SNCF. F1, 40 m², tout confort, 1/4 personnes, terrasse + salon de jardin. Belle vue. Au 4e avec ascenseur. Cuisine équipée indépendante, salon + coin TV/LCD, salle de bains avec WC et lave-linge.
Charges comprises. 06.67.30.59.90
Résumé : Personnes [4] Lits doubles [1] Canapés-lits [1]
Lits-bébé [1] Salles de bains [1] WC [1]

350 € à 480 €
la semaine

ANNONCE 3> F2 de 55 m², au 3e étage, ascenseur. 4 personnes. 20 mn à pied mer (5 mn en bus), bus et commerces au pied de l'immeuble, 10 mn aéroport, gare. Grand séjour exposition ouest avec canapé-lit, cuisine équipée, chambre avec lit 2 places, salle de bains. Garage à disposition.
Charges comprises. 06.50.77.50.58
Résumé : Personnes [4] Chambres [1] Lits doubles [1]
Canapés-lits [1] Lits-bébé [1] Salles de bains [1] WC [1]

480 €
la semaine

ANNONCE 4> Centre-ville, à 500 m mer, à 2 pas du tram. 3 pièces de 70 m² au dernier étage, lumineux, terrasse 24 m² avec salon de jardin + barbecue. 2 chambres, 2 salles d'eau, 2 WC, Wi-Fi, climatisation. Du 1er juin au 31 août. Ménage de fin de séjour inclus.
Place de parking inclus. 06.82.87.47.58 ou 06.08.43.78.98
Résumé : Chambres [2] Lits doubles [1] Lits simples [2]
Salles d'eau [2] WC [2]

700 € à 1 100 €
la semaine

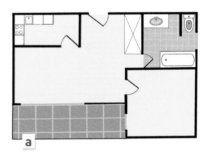

a

b

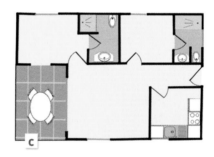

c

1 Appartements

1 Lisez les annonces. Associez chaque plan à une annonce.

2 Dites quelle(s) annonce(s) correspond(ent) à chaque information.

proche mer → annonce 4

a centre-ville
b chambre(s) et salon séparés
c balcon / terrasse
d salle de bains

e WC séparés
f ascenseur
g climatisation
h parking

Les points cardinaux

le nord [nɔʀ]
le sud [syd]
l'est [ɛst]
l'ouest [wɛst]

Pour...

→ **Caractériser un logement** ▷ Activité 5 p. 32

Je vends un appartement *de 50 m²* [mɛtʀəkaʀe] *dans le centre-ville.*
J'ai un *grand* appartement, *clair* et *lumineux*.
Je loue un appartement *avec une belle vue / une exposition ouest*.
J'habite au troisième étage.
Je cherche une maison proche / à deux pas / à 500 mètres / à cinq minutes (à pied, en bus) de la mer.

Les mots...

De l'immobilier

à louer, à vendre
un immeuble
un appartement, une maison
un studio, un F1 = une pièce, un F2 = deux pièces...
une pièce = le salon ou la chambre
la cuisine (équipée, indépendante)
la salle de bains ≠ la salle d'eau
les WC = les toilettes (séparé(e)s)

2. Un choix difficile 🎧 13

Lucie et Juliette sont sur le site *Immo'Nice*.
Lucie a sélectionné les quatre annonces.

1 Écoutez le dialogue. Répondez aux questions.

a Lucie préfère quel appartement ? Pourquoi ?

b Quels sont les avantages et les inconvénients
du F1, du deux pièces et du trois pièces ?
Trois pièces → avantage : proche de la mer.

2 Vérifiez vos réponses avec
la transcription (p. 148).

Grammaire → p. 124

Les pronoms relatifs *qui* et *que*

Qui remplace un nom sujet (nominatif).
J'ai un grand appartement. Cet appartement est très lumineux.
→ J'ai un grand appartement qui est très lumineux.

Que remplace un nom complément d'objet direct (accusatif).
Je suis sur le site de voyages. Tu m'as conseillé ce site.
→ Je suis sur le site de voyages que tu m'as conseillé.

❶ *Qu'* + voyelle : *Je suis sur le site qu'elle m'a conseillé.*

▶ **Activité 6 p. 32**

Grammaire → p. 130

Le comparatif

plus / moins / aussi + adjectif / adverbe (+ *que / qu'*)
Il est plus confortable que le trois pièces.
Il est aussi proche.

❶ Comparatifs irréguliers :
bon(ne) → meilleur(e)   bien → mieux
Le F3 est mieux que le studio.

plus de (d') / moins de (d') / autant de (d') +
nom (+ *que / qu'*)
*Il a moins de chambres que
le trois pièces.*
Le F1 a autant de charme.

▶ **Activité 7 p. 33**

Phonétique 🎧 14 → p. 119

Les sons [y] et [œ] ([ø], [œ], [ə])

sud
[y]

deux, seule, je
[œ] ([ø], [œ], [ə])

▶ **Activité 8 p. 33**

3. [y] ou [œ] ? 🎧 14

Écoutez. Dites si vous entendez [y]
(comme dans *sud*) ou [œ] (comme
dans *deux*, *seule* ou *je*).

Zut ! → J'entends [y].

4. *Qui ou que ?*

Reliez les phrases avec le pronom relatif
qui ou *que*.

*J'ai un appartement. Cet appartement est
très lumineux.*
→ J'ai un appartement qui est très lumineux.

a Je cherche un appartement. Cet appartement
est proche de la gare.

b J'ai loué l'appartement. Vous m'avez conseillé
cet appartement.

c L'appartement est grand. Je préfère cet
appartement.

d J'ai trouvé un appartement. Cet appartement
m'intéresse.

Communication

5. Ma maison

Décrivez l'appartement ou la maison de vos rêves.
Faites le plan et comparez avec votre voisin(e).

6. À louer

1 Écrivez une annonce pour louer votre appartement.
Donnez les informations suivantes : lieu, proche de... ;
nombre de pièces, m² ; étage ; balcon, terrasse,
jardin... ; exposition ; dates, prix par semaine.

2 Affichez votre annonce dans la classe et choisissez
un appartement pour une semaine de vacances.

un balcon, une terrasse, un jardin
l'étage : le rez-de-chaussée
[ʀɛdʃose] (= 0), le premier étage,
le deuxième étage...
l'ascenseur

Leçon 7 | Le plus cher !

1. Informations 🎧15

**Lucie Perez téléphone à Immo'Nice.
Écoutez le dialogue.
Répondez aux questions.**

a Lucie a choisi quel appartement ? Pourquoi ?

b Quelles sont les cinq questions que pose Lucie ?

2. Équipements 🎧15

Écoutez le dialogue.

1 Relevez les équipements qui se trouvent :

a dans la cuisine : *un réfrigérateur-congélateur*, ___

b dans la salle d'eau : ___

c dans le salon / salle à manger : ___

d dans les chambres : ___

2 Classez ces équipements :

a pour cuisiner : *un four*, ___

b pour manger : ___

c pour dormir (les couchages) : ___

d pour laver ou se laver : ___

e pour regarder la télé : ___

3. Le bon choix 🎧15

**Écoutez le dialogue. Relevez les qualités
et l'inconvénient de cet appartement.**

a Les qualités : *le plus beau*, ___

b L'inconvénient : ___

4. Oui ! 🎧15

**Écoutez le dialogue avec la transcription
(p. 148).**

1 Vérifiez vos réponses aux activités 1, 2 et 3.

**2 Relevez quatre expressions équivalentes
à *oui*.**

5. Itinéraire

1 Lisez l'e-mail. Choisissez.

Lucie doit aller de l'aéroport à l'appartement :

a en bus.   c en taxi.   e à pied.

b en train.   d en tram.   f à vélo.

**2 Sur le plan (p. 29), suivez l'itinéraire
de la gare à l'appartement.**

De : jneymar@immonice.com
À : lperez@yahoo.fr
Objet : itinéraire

Madame Perez, bonjour,

Suite à votre question, voici l'itinéraire le plus rapide pour aller
de l'aéroport à l'appartement 6 rue Paradis. À l'aéroport,
vous prenez le bus 99, il est direct jusqu'à la gare SNCF.
Vous descendez à la gare et vous prenez l'avenue Jean-Médecin.
Vous traversez le boulevard Victor-Hugo et vous continuez
tout droit jusqu'à la place Masséna. Vous traversez la place
et vous tournez à droite, dans l'avenue de Verdun. Vous prenez
la rue Paradis à droite. C'est au six. Vous avez 30 minutes
de bus et 10 minutes à pied.
Vous pouvez voir le plan sur le site de la ville : www.nice.fr.
Bien cordialement,

Jean Neymar.

Conseil immobilier
Service locations vacances
Immo'Nice 06000 NICE

Pour...

→ Indiquer un itinéraire ▷ Activité 11 p. 33

*Vous **prenez** le bus et vous **descendez** à la gare.*
*Vous **tournez à droite** / à gauche **dans la rue** Paradis.*
*Vous prenez l'avenue à droite / **à gauche**.*
*Vous **traversez** le boulevard.*
*Vous **continuez jusqu'à** la place.*

→ Justifier un choix

*C'est **le plus beau** !*

Les mots...

Du mobilier (1), de l'équipement ▷ Activité 9 p. 33

un lit double / un lit simple
une douche / une baignoire
une table, une chaise, un fauteuil, un canapé-lit
un four, des plaques (le four + les plaques =
la cuisinière), un réfrigérateur (un frigo),
un congélateur, un micro-ondes,
un lave-vaisselle, un lave-linge
une climatisation (la clim)

De l'acquiescement

Bien sûr !
Tout à fait !
Absolument !

6. [y] ou [u] ?

Écoutez et répétez.

*uuuuuuu, ouououououou, uuuuuuuuuu,
ouououououou, uuuuuuuuuu, ouououououou.*

7. Le plus beau

Complétez avec un superlatif.

De :	lperez@yahoo.fr
À :	Jbonomi@yahoo.fr

Bonjour Juliette,
J'ai choisi le F3 parce que c'est (beau, +) *le plus beau*.
Bien sûr, c'est (cher, +), mais c'est (proche, +) de la gare et
il offre (les équipements, +). Il a aussi (les inconvénients, –).
Ce n'est pas (cher, –), mais c'est le (bon, +) rapport
qualité-prix. Pour moi, c'est (bien, +) !
À bientôt,
Mamie

Grammaire → p. 130

Le superlatif

le / la / les plus / moins + adjectif / adverbe
*C'est l'appartement **le plus** beau mais pas **le moins** cher.*

❶ Superlatifs irréguliers :
*bon(ne) → **le / la meilleur(e)***
***Le meilleur** rapport qualité-prix.*
*bien → **le / la mieux***

le plus de (d') / le moins de (d') + nom
*C'est la cuisine qui a **le moins d'**équipements.*

▷ Activité 10 p. 33

Phonétique 🎧16 → p. 119

Les sons [y] et [u]

la rue [y]   *le four* [u]

▷ Activité 12 p. 33

Communication

8. Chez moi

1 Décrivez le mobilier et l'équipement de votre logement.

2 En groupe. Comparez : qui a le plus de meubles, d'équipements ?

9. C'est au 20 !

Écrivez un e-mail à la classe pour donner l'itinéraire de l'école de français jusqu'à chez vous.

Leçon 8 | Vite dit !

1. E-Attitude

Répondez au questionnaire.

Avez-vous la e-attitude ?

a Quel type d'ordinateur avez-vous ?____

b Depuis combien de temps avez-vous Internet ? ____

c À quelle fréquence utilisez-vous Internet ? ____

d Pour faire quoi ?

○ Envoyer et recevoir des e-mails.

○ Faire des recherches.

○ Faire des achats.

○ ____

2. Les gestes parlent [totem] 3

**Regardez la vidéo sans le son.
Que signifie ces gestes ?
Associez.**

1 Lucie veut dire à Juliette qu'elle n'est pas stupide.

2 Lucie souhaite acheter son billet d'avion avec succès.

a   b

3. Dans votre langue

1 Avec quel geste souhaitez-vous « bonne chance » à une personne ou pour vous-même ?

2 Avec quel geste signifiez-vous « stupide / idiot » ?

4. Mini-phrases

Associez les mots-phrases à leur signification.

a Ça y est !   1 Je ne suis pas content(e).

b Pardon.   2 C'est fait.

c Zut !   3 Excusez-moi. / Excuse-moi.

5. À vous ! [🎧 17]

Écoutez et répétez.

6. Ça y est !

Utilisez les mots-phrases (*Zut ! – Pardon ! – Bien sûr ! – Ça y est !*) pour réagir ou répondre.

Vous n'avez pas de connexion Internet. → Zut !

a Vous avez une adresse électronique ?

b Vous avez oublié votre livre de français.

c Vous avez fini votre exercice.

d Vous êtes en retard.

e Vous ne trouvez pas votre téléphone portable.

Nice

7. La Côte d'Azur

1 Pour vous, que représente la Côte d'Azur ?
2 Citez des villes de la Côte d'Azur que vous connaissez.
3 Situez Nice sur la carte de France p. 159.

Nice [nis]

(343 000 habitants en 2013)
est la capitale de la Côte d'Azur, à 30 km de l'Italie,
au bord de la Méditerranée, entre mer et montagnes.
C'est une ville élégante au bord de la Grande Bleue. Au XIXᵉ siècle, les Anglais passaient
l'hiver à Nice, sur la Riviera française. C'était très chic. Aujourd'hui, la promenade
au bord de la plage s'appelle « la Promenade des Anglais ». Pendant le Carnaval
(en février), on donne des fleurs au public et plus de mille musiciens et danseurs
animent la ville. On aime le Vieux-Nice pour ses jolies ruelles, ses restaurants typiques
et son histoire. On va dans la ville moderne admirer les palaces, se promener dans
les petites rues sans voitures. Les stars, elles, dorment au Negresco et jouent au Casino.
Et comme on dit en niçois, *A ben vito* (à bientôt).

8. Tourisme à Nice 🎬 4

À deux. Regardez la vidéo.

1 Choisissez les mots qui
  correspondent à ce que
  vous avez vu.

a des bateaux
b une cathédrale
c un tramway
d une salle de concert
e un supermarché
f des enfants
g un marché
h la plage
i la montagne
j une usine

2 Les mots *glamour*,
  nature et *gastronomie*
  apparaissent sur la vidéo.

a Complétez la liste des mots
  de la vidéo.
b Trouvez des mots à associer.
  – *glamour* → *luxe*, *mode*
  – nature
  – culture
  – gastronomie

9. Matisse à Nice

À deux. Observez les trois
tableaux. Lequel
choisissez-vous pour
illustrer le site de Nice ?
Dites pourquoi.

Nu bleu III

La sieste

Pont Saint-Michel, Paris

10. Voyager

52 % des touristes à Nice sont étrangers. Et vous,
aimeriez-vous visiter Nice ? Dites pourquoi.

Entraînement

1 Le Net

Trouvez les mots.

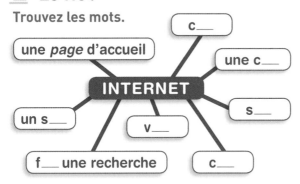

une *page* d'accueil

une c__

c__

INTERNET

s__

un s__

v__

f__ une recherche

c__

2 La durée

Utilisez *depuis* pour dire la même chose.

Exemple : J'ai eu Internet en 2003. Nous sommes en 2014. → J'ai Internet depuis 11 ans.

a J'ai commencé à apprendre le français en 1998. Nous sommes en 2014.

b J'ai commencé à surfer sur Internet à 14 h 00. Il est 14 h 30.

c J'ai fait mon premier voyage à Nantes en 2000. Nous sommes en 2014.

d J'ai connu monsieur Nicolas l'année dernière. Nous sommes en 2014.

3 Les habitudes de Lucie

Complétez avec *souvent*, *parfois* ou *jamais*.

Exemple : Je n'achète jamais sur Internet.

a Je prends ___ l'avion.

b Je surfe ___ sur Internet.

c Je vais ___ sur Facebook.

d Je ne dis ___ non.

4 Lucie écrit à monsieur Nicolas

Conjuguez les verbes au présent.

De : lperez@yahoo.fr
À : nicopavese@hotmail.com
Objet : j'arrive la semaine prochaine

Bonjour Nico,
J'espère que tu (aller) *vas* bien. J'ai acheté mon billet d'avion.
Je (être) contente. J'(attendre) le départ. Maintenant,
je (savoir) acheter un billet sur le Net ! Normalement,
je ne (comprendre) jamais. J'(atterrir) à 15 h 15.
Tu (choisir) un restaurant pour le soir ?
Mes petits-enfants (dire) qu'il fait toujours beau à Nice.
C'est super !
Je t'embrasse,
Lucie

5 À vendre

Complétez l'annonce avec : *séparés*, *équipée*, *mètres*, *à pied*, *€*, *m²*, *étage*, *pièces*, *sud*.

NICE
5 mn *à pied* de la mer,
500 ___ de la gare SNCF, grand 2 ___,
45 ___, troisième ___.
Salon lumineux, exposition ___.
Cuisine ___, WC ___.

275 000 ___. 04 95 56 74 40

6 J'ai trouvé !

Complétez avec *qui* ou *que* (*qu'*).

De : lperez@yahoo.fr
À : fletallec@yahoo.fr

Bonjour Françoise,
J'ai trouvé l'appartement *que* je veux ! Il a une cuisine ___
est équipée et des WC ___ sont séparés. Il a l'exposition
___ je préfère : sud ! Le salon, ___ fait 30 m², a une belle
vue. La chambre, ___ j'adore, est lumineuse et la salle de
bains, ___ a beaucoup de charme, est moderne.
C'est l'appartement ___ il me faut pour les vacances !
Je l'ai trouvé sur le site ___ vous m'avez conseillé.
Merci beaucoup !
À bientôt,
Lucie

7 Comparons !

Comparez les deux appartements. Utilisez le comparatif et les mots suivants : *grand, petit, pièces, proche, cher, chambres, salles de bains, belle, bien.*

Exemples : le F3 est aussi grand que le F4. Le F4 est plus cher.

> **Annonce 1**
> F3, 75 m², dernier étage. 500 m de la mer, 15 mn de l'aéroport. Cuisine 15 m² ! Deux chambres, salon exposition est. Terrasse 25 m². Salle de bains équipée. Juillet/Août.
> À partir de 900 €/semaine.   06 98 63 54 00

> **Annonce 2**
> F4, 75 m², 4ᵉ étage, belle vue. Salon avec terrasse 10 m². Deux salles de bains. 100 m mer, 30 mn aéroport. Juin/Septembre.
> À partir de 1100 €/semaine.   06 78 65 42 31

8 [i], [y], [œ] 🎧18

Écoutez et répétez lentement, vite, très vite.
Exemple : deux minutes

ı Leçon 7

9 Équipements

Complétez les phrases avec le bon mot.

Exemple : On fait cuire un steak sur **des plaques électriques**.

a On lave sa chemise dans ___
b On garde les aliments au froid dans ___
c On dort dans ___
d On lave les assiettes dans ___
e On mange sur ___
f On regarde la télé dans ___ ou sur ___

10 *Le plus..., le moins...*

Comparez les deux appartements. Utilisez des superlatifs.

Exemple : le F2 est le plus petit.

> **Annonce 1**
> F2, 50 m², une chambre, terrasse 20 m², une salle de bains avec WC, cuisine avec frigo, plaques et four. 600 €/semaine.
>
> **Annonce 2**
> F4, 75 m², 3 chambres. 2 salles de bains, 2 WC. Cuisine équipée (réfrigérateur-congélateur, four, plaques, micro-ondes, lave-vaisselle). Terrasse 15 m². 1500 €/semaine.

11 C'est où ? 🎧19

1 **Regardez le plan de Nice (p. 29). Écoutez les indications et trouvez le lieu d'arrivée.**
2 **Donnez l'itinéraire pour aller de la gare à l'hôtel Négresco.**

12 On écrit ! 🎧20

Écoutez. Complétez avec « u » quand vous entendez [y], « i » quand vous entendez [i], « e » quand vous entendez [œ] et « ou » quand vous entendez [u].

– Pardon monsieur, le jardin Albert 1ᵉʳ, s'il v___s plaît ?
– N___s sommes b___levard V___ctor H___go. P___r v___s ter l___ jardin Albert 1ᵉʳ, v___s pr___nez la r___e d___ Gr___mald___ et v___s t___rnez à gauche dans la r___e d___ la L___berté. V___s traversez la place Magenta à droite et v___s pr___nez la r___e Parad___s. V___s continuez jusqu'à l'aven___e d___ Verdun. V___s traversez l'aven___e et c'est là !
– Merc___ beauc___p monsieur, bonne j___rnée.

Action !

Nous choisissons une location de vacances en France.

Pour cela, nous allons :

▷ **Décider du type de logement.**
appartement ◯　　　　maison ◯
Nombre de personnes : —
Nombre de pièces : —
Budget : — euros maximum par semaine
Durée : — semaine(s)
Équipement : wifi ◯　　piscine ◯　　garage ◯　　jardin ◯

▷ **Choisir une région en France.**

▷ **Choisir un lieu.**
ville ◯　　mer ◯　　campagne ◯　　montagne ◯

▷ **Chercher un site sur Internet (par exemple homelidays.com ou interhome.fr).**

▷ **Faire une fiche comparative de trois logements.**
  – Nombre de pièces.
  – Équipement.
  – Prix.

▷ **Choisir le meilleur logement.**

▷ **Présenter le choix à la classe.**
  – Situer le lieu sur la carte de France.
  – Montrer des photos.
  – Décrire le logement...

▷ **La classe choisit la meilleure location.**

Votre avis nous intéresse :	+	++	+++
Recherche sur Internet	❑	❑	❑
Choix	❑	❑	❑
Présentation du choix devant la classe	❑	❑	❑

→ p. 127

Grammaire – RAPPEL

L'imparfait

On utilise l'imparfait pour :
– Décrire une situation :
   On **se promenait**. Il y **avait** du bruit.
– faire une description :
   C'**était** un éléphant géant.

Formation : base de la 1re personne du pluriel
au présent + **-ais, -ais, -ait, -ions, -iez, -aient**.

Présent	Imparfait
nous **av**ons	j'**av**ais
nous **fais**ons	je **fais**ais
nous **finiss**ons	je **finiss**ais
nous **buv**ons	je **buv**ais
nous **pren**ons	je **pren**ais
nous **sav**ons	je **sav**ais

Être

j'étais	[etɛ]	ils/elles étaient	[zetɛ]
tu étais	[etɛ]	nous étions	[zetjɔ̃]
il/elle/on était	[etɛ]	vous étiez	[zetje]

▷ **Activité 1 p. 46**

6. Événement ou situation ?

Mettez les verbes au passé.

Je suis dans la rue. Je marche. Je vois un éléphant géant. → J'étais dans la rue. Je marchais. J'ai vu un éléphant géant.

a Il est 15 heures. Il y a beaucoup de personnes dans la rue. Je rencontre Louise.

b Il est midi. Le téléphone sonne. Françoise répond. Il n'y a personne.

Grammaire – RAPPEL
→ p. 127

Le passé composé (1)

On utilise le passé composé pour raconter
un événement (une action) passé(e), terminé(e)
et limité(e) dans le temps.
Je me suis assis.

Phonétique – RAPPEL 23

Mot phonétique, rythme, accentuation, continuité

On prononce le mot phonétique comme un seul mot.
Le rythme est régulier.
La **dernière syllabe** est plus longue.
Les syllabes sont attachées.
4 syllabes : *Vous allez **bien** ?*
                [vu-za-le-**bjɛ̃**]   [vuzale**bjɛ̃**]
5 syllabes : *Qu'est-ce qui vous **arrive** ?*
                [kɛs-ki-vu-za-**ʁiv**]   [kɛskivuza**ʁiv**]

▷ **Activité 4 p. 46**

4. Commentaires

Regroupez les mots positifs et les mots négatifs. Utilisez votre dictionnaire.

banal – incroyable – fantastique – amusant –
drôle – moche – nul – surprenant – extraordinaire

5. Françoise rêve

Françoise raconte son rêve à Juliette. Mettez le rêve au passé.

J'étais place Camus…

Je suis place Camus. Il y a ma famille et beaucoup de personnes. Simon me parle mais je n'entends rien. La musique est très forte. Les personnes sortent de leurs immeubles. Il y a des animaux géants dans le ciel. Ils volent. J'ai peur… puis je me suis réveillée.

7. Dommage ! 🎧23

Écoutez et répétez. Respectez le rythme.

da daa → Dommage !

Communication

8. Nantesmag.com

Utilisez les notes du journaliste pour écrire un texte de présentation des Machines de l'île.

Les géants du Royal de Luxe
Il faisait beau dimanche. Il y avait…
C'était un spectacle extraordinaire.

dimanche	belle météo, chaleur, soleil	extraordinaire
beaucoup de monde, des familles		éléphant géant
vêtements colorés	exceptionnel	surprenant

9. À vous !

1 Racontez un spectacle que vous avez aimé. Décrivez : la météo, l'ambiance, les acteurs, le public…

2 Racontez le spectacle à la classe.

Leçon 10 | Camille Claudel

Camille CLAUDEL (1864-1943)

• L'enfance

Camille Claudel est née le 8 décembre 1864. Ses parents ont eu deux autres enfants, Louise et Paul. Sa sœur Louise est née en 1866; son frère Paul est né en 1868. Camille a passé son enfance dans une famille bourgeoise en province. En 1882, la famille s'est installée à Paris.

• La sculpture

Après son arrivée à Paris, Camille a suivi des cours de sculpture. Un an après, Auguste Rodin est devenu son professeur. En 1889, elle s'est installée au 19 quai de Bourbon, dans l'île Saint-Louis. Elle a vécu et travaillé dans cet atelier pendant 24 ans, de 25 à 49 ans.

La Valse, musée Rodin

• Rodin

Leurs relations sont devenues plus intimes. Les deux amants ont travaillé ensemble sur plusieurs œuvres importantes : *Le Baiser, La Danaïde, La Porte de l'Enfer...* En 1898, Camille a quitté Rodin.

• La folie

En 1906, Camille s'est enfermée dans son atelier. Avant de devenir paranoïaque, elle a créé ses œuvres les plus originales. Sept ans plus tard, en 1913, sa famille a décidé de l'envoyer dans un hôpital psychiatrique. Elle n'a plus travaillé. Elle est morte à l'âge de 79 ans.

2

3

1. Une artiste

Observez les documents 1 et 2.
Faites des hypothèses sur Camille Claudel :
sa profession, ses œuvres, ses rencontres...

2. Une femme

Lisez la biographie (document 3).
Dites si c'est vrai ou faux.

a Camille Claudel a eu une enfance pauvre.

b Rodin a été son professeur.

c Camille et Rodin ont eu une relation amoureuse.

d Camille et Rodin ont réalisé des sculptures ensemble.

e Camille a sculpté jusqu'à sa mort.

3. Une vie

Lisez la biographie.

1 Complétez la fiche.

1864 : *Camille Claudel est née.*	
1868 : ____	1898 : ____
1882 : ____	1913 : ____
1883 : ____	1943 : ____

2 Répondez aux questions.

a Les verbes sont à quel temps ?

b On utilise quel auxiliaire pour les verbes pronominaux ?

c L'accord du participe passé avec le sujet se fait avec l'auxiliaire *être* ou l'auxiliaire *avoir* ?

Pour...

→ Situer dans le temps

Le 8 décembre 1864.
En 1882.
Un an **après**.
Sept ans **plus tard**.
À l'âge de 79 ans.

→ Indiquer la chronologie

Après son arrivée à Paris, elle a suivi des cours de sculpture.
Avant de devenir paranoïaque, elle a réalisé son œuvre.

Les mots...

De l'art ▸ Activité 5 p. 46

l'art, un artiste, artistique
la sculpture, sculpter, un sculpteur
la littérature, écrire, un écrivain
la peinture, peindre, un peintre
un atelier, la création, créer
une œuvre (originale)

De la folie

la folie, fou (folle),
devenir fou (folle)
la paranoïa,
paranoïaque
l'hôpital psychiatrique
s'enfermer

Grammaire → p. 127

Le passé composé (2)

On utilise l'auxiliaire **être** avec :
– les verbes pronominaux :
  *Elle s'**est** installée à Paris.*
– les verbes *naître, mourir, aller, venir, arriver, sortir, partir, rester, monter, descendre...* :
  *Elle **est** née en 1864.*

Avec l'auxiliaire **être**, le participe passé s'accorde avec le sujet.
***Elle** s'**est** installé**e** quai de Bourbon.*

Avec l'auxiliaire **avoir**, le participe passé ne s'accorde pas avec le sujet.
*Les deux amants **ont** travaillé ensemble.*

▶ Activité 6 p. 47

Grammaire 24 → p. 133

S'installer au passé composé

4 Chronologie

Lisez les phrases. Indiquez l'ordre chronologique comme dans l'exemple.

Après son arrivée à Paris, elle a suivi des cours de sculpture. → D'abord, elle est arrivée à Paris ; ensuite, elle a suivi des cours de sculpture.

a Avant de devenir paranoïaque, elle a créé ses œuvres les plus originales.
  → D'abord, elle ___ ; ensuite, elle ___

b Avant de quitter Rodin, elle a beaucoup travaillé pour lui. → D'abord, elle ___ ; ensuite, elle ___

Grammaire → p. 127

La chronologie

avant de + infinitif
***Avant de** <u>devenir</u> paranoïaque, elle a réalisé son œuvre.*

après + déterminant + nom
***Après** <u>son arrivée</u> à Paris, elle a suivi des cours.*

▶ Activité 7 p. 47

Communication

8 Louise Bourgeois

1 **En groupe. À l'aide des notes, écrivez la biographie de la sculptrice Louise Bourgeois. Utilisez le passé composé, les expressions de temps et de chronologie.**

2 **Comparez vos biographies. Choisissez les meilleures. Dites pourquoi.**

5 Art et folie

Lisez la biographie (document 3 p. 40).

1 **Relevez le vocabulaire de l'art et de la folie.**
L'art : *la sculpture*, ___
La folie : *paranoïaque*, ___

2 **Trouvez des mots de la même famille.**
L'art : *la sculpture – sculpter – un sculpteur.*
La folie : ___

Phonétique – RAPPEL 🎧25

La liaison

– **un / des**, **les** + nom : *un an*
– **on / nous / vous / ils / elles** + verbe : *ils arrivent*
– adjectif (**mon / tes...**, **petit**, **grand...**) + nom :
  son œuvre
– après **dans / sous / chez...** : *dans un atelier*
– après **les nombres** : *six ans*

« s », « x », « z » se prononcent [z].
« n » se prononce [n].
« t », « d » se prononcent [t].

6 Liaisons 🎧25

1 **Écoutez. Repérez les liaisons.**
ses amis
a un atelier   c son installation
b les beaux-arts   d un grand artiste

2 **Répétez.**

7 Camille et Rodin

Conjuguez les verbes au passé composé.

Camille (rencontrer) *a rencontré* Rodin en 1883.
Elle (être) son élève puis elle (travailler) pour lui.
Camille et Rodin (tomber) amoureux. Ils (partager) le même atelier. En 1892, ils (se séparer).
Camille (décider) de s'installer seule.

25 décembre 1911	Naissance à Paris. Enfance à Paris.
1934	Études d'art à l'Académie des beaux-arts. Fernand Léger devient son professeur.
1937	Rencontre Robert Goldwater, historien d'art américain. Mariage.
1938	Installation à New York, États-Unis (USA).
1939-2005	Création d'œuvres surréalistes.
31 mai 2010	Mort à New York.

Changement de vie

L'université propose une formation professionnelle.

Chaque année, 15 à 18 stagiaires suivent cette formation : ils veulent devenir professeurs de français pour étrangers (professeurs de FLE). Avant, ils étudiaient ou travaillaient dans un autre domaine.

Pour eux, c'est un changement de vie !

1. Professeurs ou étudiants ?

Observez la photo. Lisez le texte et dites :

a qui sont les personnes sur la photo ?

b pourquoi changent-elles de vie ?

2. Témoignages

Écoutez les témoignages de Magdalena, Pascale et Jacques. Relevez :

a les études ;

b les professions.

> **Culture/Savoir** |
> Il y a plus de 900 000 professeurs de français dans le monde.

3. Changement

Écoutez les témoignages. Pourquoi veulent-ils devenir professeurs de français ? Associez.

a Magdalena
b Pascale
c Jacques

1 Il / Elle veut enseigner le français à des étrangers et travailler à l'étranger.

2 Il / Elle veut travailler avec des étudiants.

3 Il / Elle n'était pas content(e) de son travail.

4. Passé composé ou imparfait ?

Écoutez les témoignages avec la transcription (p. 150). Quel temps utilise-t-on pour :

a décrire une situation, un sentiment passés ?

b rapporter des événements passés, exprimer un changement ?

Pour...

→ Raconter un changement de vie

Événements et changement :
Je suis arrivée en France *il y a* dix ans.
J'ai travaillé pendant vingt ans.
Et puis j'ai eu des enfants.
J'ai décidé de changer de carrière.
J'ai changé de voie.

Situations et sentiments :
J'étais hôtesse d'accueil.
Je n'étais pas contente.
Je voulais travailler avec des étudiants.

Résultat :
Maintenant, je suis professeur.

Les mots...

Du parcours professionnel

travailler dans la banque / dans l'immobilier / dans un cabinet d'avocats / dans une entreprise
la carrière

Du changement

décider de changer de situation / de voie / de carrière

Grammaire → p. 127

Le passé composé et l'imparfait

On utilise l'**imparfait** pour :
– décrire une situation :
  J'étais hôtesse d'accueil.
– décrire un sentiment :
  Ce travail ne me plaisait pas.

On utilise le **passé composé** pour :
– rapporter des événements passés dans un ordre chronologique :
  J'ai vécu à New York.
– exprimer un changement :
  J'ai décidé de changer de carrière.

▶ Activités 9 et 10 p. 47

5 *Pendant* ou *il y a* ?

Associez.

On utilise :   pour :
a *pendant*   **1** situer un événement dans le passé.
b *il y a*   **2** exprimer une durée.

Grammaire → p. 127

Il y a – pendant

***Pendant* + passé composé** exprime une durée qui est terminée.
J'ai travaillé dans un cabinet d'avocats pendant dix ans.

***Il y a* + passé composé** situe un événement dans le passé.
Je suis arrivée en France il y a dix ans.

▶ Activité 8 p. 47

Phonétique 27

Les enchaînements

Dans le mot phonétique, on prononce la consonne (C) avec la voyelle (V) qui suit : (CV).
Langue étrangère.
Pour étudier.

On ne s'arrête pas entre deux voyelles (VV).
J'ai eu.

On ne s'arrête pas entre les mots.
J'ai vécu à New York aux États-Unis.

▶ Activité 11 p. 47

6 Elle a vécu où ? 🎧 27

Écoutez et répétez. Ne vous arrêtez pas entre les mots.

Elle a vécu à Ancône en Europe.

7 Prof de FLE en Thaïlande

Mettez les verbes au passé composé ou à l'imparfait. (Attention : *j'* + voyelle.)

COURS	FICHES	THÈMES	CONTACT

Blog prof infos

Il y a 20 ans, je (réussir) *j'ai réussi* un master de FLE. Après mon master, je (partir) en Thaïlande et je (travailler) comme professeur de français. Je (être) heureux : mon travail (être) intéressant et les étudiants m'(aimer) beaucoup. Et puis, je (rencontrer) ma femme et nous (avoir) un enfant. Nous (décider) de rentrer en France. Maintenant, je travaille à Marseille.

Communication

8 Pierre

Pour le magazine *Le Bon Pain*, écrivez au passé le témoignage de Pierre.

Pour commencer : *Il y a 10 ans, j'ai eu mon diplôme de médecin...*
Pour finir : *Maintenant, je...*

2003 Pierre a son diplôme de médecin.
2004 Il part en Afrique. Il est heureux, son travail est intéressant. Ses collègues l'aiment beaucoup.
2009 Il tombe malade. Il doit rentrer en France.
2010 Pierre fait une formation de boulanger.
Maintenant : Il est boulanger à Toulon.

9 À vous !

1 En groupe. Parlez de votre parcours de vie : vos diplômes, votre travail, vos éventuels changements de vie. Maintenant, qu'est-ce que vous faites ?

2 Racontez votre parcours à la classe.

Leçon 12 | # Un café ?

1. Recevoir

Répondez au questionnaire.

Dans votre pays...

a On invite :
- ○ pour prendre le petit déjeuner.
- ○ pour le déjeuner.
- ○ pour prendre un café l'après-midi.
- ○ pour prendre un apéritif.
- ○ pour un dîner.

b Vous recevez des amis :
- ○ 1 fois par semaine.
- ○ 2 fois par semaine.
- ○ seulement le week-end.

c Il est possible d'aller boire un café chez des amis sans être invité(e).
- ○ OUI   ○ NON

d Dans quelle pièce de la maison / de l'appartement recevez-vous vos amis ? ___

e Vous êtes invité(e) à dîner. Vous apportez :
- ○ des fleurs.
- ○ un gâteau.
- ○ du vin.
- ○ ___

2. J'ai fait du café 5

Nathalie Bonomi rencontre les Le Tallec dans l'escalier et les invite.

1 Regardez la vidéo avec le son. Relevez :
a ce que Nathalie dit pour inviter les Le Tallec ;
b ce que les Le Tallec disent pour accepter.

2 Pour cette situation, trouvez d'autres manières d'inviter.

3. Café ou thé ? 5

Regardez la vidéo sans le son. Répondez aux questions.

a Qu'est-ce que Nathalie offre à ses voisins ?
b Qu'est-ce qu'il y a sur la table ?
c Est-ce que c'est différent dans votre pays ? Justifiez votre réponse.

4. Du « vous » au « tu »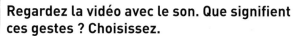

Regardez la vidéo avec le son.

1 Que dit Nathalie à Françoise avant de la tutoyer ? Choisissez.
a Tu me dis « tu » ?
b Je te dis « tu » maintenant ?
c On se dit « tu » maintenant ?

2 Est-ce que Françoise accepte ? Qu'est-ce qu'elle dit ?

5. Les gestes parlent 5

Regardez la vidéo avec le son. Que signifient ces gestes ? Choisissez.

| a | b |

1 Ne faites pas de bruit.   1 Je suis content.
2 C'est bien.   2 C'est très bon.
3 C'est beau.   3 Bonne chance !

MOTS-PHRASES

Chut. = *Silence.*
Dommage ! = *C'est triste !*

Culture/Savoir
En 1890, un pâtissier parisien, installé près de la Bourse, a appelé ce gâteau *un financier*.

Le Royal de Luxe

6. Vous et les spectacles de rue

1 Répondez aux questions.

a Quel est le dernier spectacle de rue que vous avez vu ? Dans quelle ville ?

b C'était un spectacle de danse ? de marionnettes ? de théâtre ? ...

c Quel était le thème du spectacle ?

2 Trouvez trois mots pour qualifier le spectacle que vous avez vu.

Le Royal de Luxe est une compagnie française de théâtre de rue, créée à Aix-en-Provence en 1979 et installée à Nantes depuis 1990. La *Saga des Géants* est l'une de ses créations les plus connues.

7. Le Royal de Luxe 📽️ totem 6

À deux. Regardez la vidéo avec le son.

1 Notez :

a le nombre de personnages ;

b leur particularité ;

c ce qu'ils font.

2 Choisissez les mots en relation avec la vidéo.

a le bruit
b la musique
c la danse
d la lecture
e la folie
f la joie
g la surprise
h la sculpture

3 Que pensez-vous de cette création du Royal de Luxe ?

8. Le public 📽️ totem 6

Regardez la vidéo avec le son. Décrivez ce que fait le public.

Le public crie...

9. Magique

1 Regardez l'affiche du Royal de Luxe. Décrivez-la.

2 Trouvez cinq mots pour la caractériser.

Au Havre, le nouveau spectacle de **Royal de Luxe** du 26 au 29 octobre

10. Votre création

À deux. Faites une affiche pour un spectacle du Royal de Luxe ou d'une autre compagnie.

Entraînement

───────── **Leçon 9** ─────────────────

1 Du présent à l'imparfait

Complétez.

	Présent	Imparfait
a offrir	*nous offrons*	*j'offrais*
b appeler	*nous appelons*	*j'appelais*
c prendre	___	___
d finir	___	___
e venir	___	___
f boire	___	___
g aller	___	___

2 Facebook

Adèle a fait un commentaire sur sa photo. Choisissez la forme correcte.

 Adèle a changé sa photo de couverture
1 novembre

Il faisait / C'était / Il y avait beau et chaud.
Il faisait / C'était / Il y avait du soleil.
Il faisait / C'était / Il y avait un dimanche de printemps.
Il faisait / C'était / Il y avait super d'être à Nantes.
Il faisait / C'était / Il y avait des cris d'enfants.
Il faisait / C'était / Il y avait un spectacle extraordinaire.
Nantes, je t'aime !

J'aime · Commenter · Partager

Écrire un commentaire…

3 Apprécier

Donnez le contraire de ces mots.
Exemple : banal → fantastique.

a ennuyeux

b triste

c nul

d beau

4 Rythme

Écoutez. Répétez lentement puis vite.

a Une syllabe :
oui ; chut !
b Deux syllabes :
bon – jour, bonjour ; du – bruit, du bruit.
c Trois syllabes :
On se – dit – tu, on se dit tu.
d Quatre syllabes :
dans – la – vieille – ville, dans la vieille ville ;
I – l y a – u – ne heure, il y a une heure.
e Cinq syllabes :
Ils – son – t a – rri – vés, ils sont arrivés ;
u – ne ou – deux – mi – nutes, une ou deux minutes.
f Six syllabes :
On – va – dans – la – cui – sine, on va dans la cuisine.

───────── **Leçon 10** ─────────────────

5 L'art

Complétez le tableau avec les mots suivants.
Arts : la littérature – la musique –
la peinture – la danse
Artistes : le comédien (la comédienne) –
le sculpteur (la sculptrice) – l'écrivain
(l'écrivaine) – le danseur (la danseuse)
Actions : peindre – sculpter – jouer (X2)

Arts	Artistes	Actions (verbes)
la sculpture	___	___
___	le peintre	___
___	___	écrire
___	___	danser
le théâtre	___	___
___	le musicien (la musicienne)	___

6 Berthe Morisot, peintre impressionniste

Conjuguez les verbes au passé composé.

Berthe Morisot (naître) le 14 janvier 1841 à Bourges. Elle (passer) son enfance dans une famille bourgeoise. Sa famille (s'installer) à Paris en 1852. Berthe et sa sœur Edma (suivre) des cours de peinture. Les deux sœurs (rencontrer) Édouard Manet au Louvre. Après son mariage, Edma (arrêter) la peinture. Berthe (continuer) seule. Édouard (présenter) son frère Eugène à Berthe. En 1874, Berthe et Eugène (se marier). Des artistes (critiquer) son style trop «féminin». Mais Degas, Monet, Renoir (être) ses amis et ils (soutenir) son travail. Berthe (mourir) le 2 mars 1895 à Paris, à l'âge de 54 ans.

7 Avant et après

Reliez les deux phrases avec « *avant de (d')* + infinitif » et « *après + nom* ».

Exemple : 1. Edma Morisot s'est mariée.
2. Elle a arrêté la peinture.
→ *Avant d'arrêter la peinture, Edma s'est mariée.*
→ *Après son mariage, Edma a arrêté la peinture.*

a 1. Camille Claudel a étudié la sculpture.
  2. Elle a travaillé avec Rodin.
b 1. Louise Bourgeois a étudié les mathématiques. 2. Elle a étudié l'art.
c 1. Louise Bourgeois s'est mariée avec Robert Goldwater. 2. Elle s'est installée à New York.
d 1. Louise Bourgeois s'est installée à New York. 2. Elle est devenue américaine.

▎ Leçon 11

8 Parcours de vie

Complétez avec *pendant* ou *il y a*.

___ 15 ans, j'ai eu mon diplôme de photographe. Et puis j'ai travaillé pour un magazine ___ 10 ans. Mais ___ 5 ans, j'ai décidé de changer de voie. J'ai ouvert mon agence de photos à Nantes. ___ 3 ou 4 ans, cela a été difficile. Maintenant, mon travail m'intéresse beaucoup et tout va bien.

9 Passé composé ou imparfait ?

1 Écoutez. Dites si vous entendez le passé composé ou l'imparfait.

Exemple :
j'ai commencé → passé composé.

2 Répétez.

10 Caroline

Conjuguez les verbes au passé composé, à l'imparfait ou au présent.

Avant, Caroline (être) boulangère. Elle (travailler) beaucoup : elle (commencer) à 6 heures le matin et (finir) à 20 heures. Elle (rentrer) chez elle très fatiguée et elle (ne pas voir) sa famille. Ses enfants (ne pas être) contents et son mari (s'ennuyer) le week-end. Il y a deux ans, Caroline (décider) d'arrêter de travailler. Elle (suivre) une formation et (réussir) ses examens. Depuis six mois, elle (travailler) chez elle. Toute la famille (être) heureuse !

11 Liaisons / Enchaînements

1 Écoutez. Repérez les liaisons et les enchaînements.

Exemple : Elle_est_arrivée_en France.

a Elle a eu des enfants.
b J'habite à Marseille en France.
c J'ai été photographe en Italie.
d. L'Allemagne est en Europe.

2 Répétez.

Action !

Nous faisons un dictionnaire biographique.

Pour cela, nous allons :

▷ **Choisir une personne célèbre, vivante ou pas.**

▷ **Chercher :**
  – sa date de naissance ;
  – son lieu de naissance ;
  – son domaine : la littérature, le cinéma, les sciences, la politique…

▷ **Décrire son époque.**

▷ **Lister les dates et les événements importants de sa vie.**

▷ **Choisir une photo.**

▷ **Écrire la biographie.**

▷ **Rassembler toutes les biographies.**

▷ **Les classer par domaine (la littérature, le cinéma…).**

▷ **Les classer par ordre alphabétique.**

▷ **Fabriquer le dictionnaire. Mettre un intercalaire par domaine et noter le nom du domaine.**

▷ **Trouver un titre pour le dictionnaire.**

▷ **Publier le dictionnaire biographique sur notre site.**

Votre avis nous intéresse :	+	++	+++
Les recherches biographiques	❑	❑	❑
L'organisation du recueil	❑	❑	❑
La fabrication du dictionnaire	❑	❑	❑

Bravo !
J'adore !
la nature
le silence
C'est sympa.
la Terre
le climat
le loup
un arbre
un berger

S'exprimer

> **Nous faisons un flyer pour un village de vacances écologique**

Pour cela, nous allons savoir comment :
- exprimer nos goûts
- annoncer une nouvelle
- présenter un problème et donner des solutions
- donner notre opinion (1)

▶ **Juliette, Hugo et Louise sont au café.**

Faits et gestes/Culture :
> Au café
> Le Flore

Leçon 13 | **Ouais, c'est ça...**

1 La caméra parle 🎬 7

Lisez le glossaire du cinéma page 118, puis regardez la vidéo sans le son.

1 Nommez les quatre plans.

a   b   c   d

2 Répondez aux questions.

a À quel personnage s'intéresse-t-on particulièrement ?

b Qu'est-ce que cette manière de filmer nous dit sur Hugo et Léo ?

c À votre avis, de quoi parlent Hugo, Louise et Juliette avant l'arrivée de Léo ? De quoi parle Léo ?

d Pourquoi Hugo tourne-t-il la tête ? Imaginez ce qu'il y a hors-champ.

2 Qu'est-ce qui se passe ? 🎬 7

Regardez la vidéo avec le son.

1 Vérifiez vos hypothèses.

2 Il y a deux parties dans la vidéo : avant l'arrivée de Léo et après son arrivée. Trouvez un titre à chaque partie.

3 Les goûts 🎬 7

Regardez la vidéo avec le son. Complétez les phrases.

*Louise : **J'adore** les terrasses au soleil.*

Juliette : Moi, ___ lire un bon livre.

Hugo : ___ les livres.

Culture/Savoir

Il y a trois espaces dans un café : le comptoir, la salle et la terrasse (au comptoir, c'est moins cher). On prend souvent un café, « une noisette » (un café avec une goutte de lait) ou « un allongé » (avec plus d'eau).

Pour...

→ **Exprimer ses goûts**

J'aime bien les livres.
J'aime bien Juliette.
J'adore les terrasses au soleil.
Ce que je préfère, c'est lire un bon livre.

→ **Annoncer une nouvelle (bonne ou mauvaise)**

Je viens de décrocher un job d'été.

Les mots...

Des loisirs ▷ Activité 4 p. 58

les lieux : le café, la terrasse, la campagne, sous un arbre, dans la nature, la mer

les activités : prendre le soleil, regarder le foot, lire, jouer aux jeux vidéo

les objets : des films, un bon livre, des jeux vidéo

Les expressions

C'est ma tournée !
= J'offre une boisson à chaque personne.

C'est super !
= C'est très bien / agréable / beau.

4. Mots associés

Complétez le vocabulaire.
Vous pouvez utiliser votre dictionnaire.

a La campagne, la montagne, ___
b Un livre, un film, ___
c Prendre le soleil, lire, ___

Grammaire → p. 124

Ce que / Ce qui... c'est

Ce que... c'est / Ce qui... c'est permet de mettre
en valeur un mot.

Ce que + sujet + verbe + *c'est* + nom ou infinitif :
***Ce que** je préfère, **c'est** lire.*

Nom ou infinitif + *c'est ce que* + sujet + verbe :
*Lire, **c'est ce que** je préfère.*

Ce qui + verbe + *c'est* + nom ou infinitif :
***Ce qui** est bien, **c'est** la lecture.*

Nom ou infinitif + *c'est ce qui* + verbe :
*La lecture, **c'est ce qui** est bien.*

▷ Activités 1 et 2 p. 58

5. La bonne nouvelle

1 Léo veut offrir une boisson à ses amis.
Pour fêter quoi ? Répondez.

2 Complétez la phrase de Léo.

___ ___ décrocher un job pour l'été.

3 Quand cet événement s'est-il passé ?
Choisissez.

a Ça s'est passé hier.
b Ça s'est passé il y a quelques heures.

Grammaire → p. 128

Le passé récent

Le passé récent (*venir de* + infinitif) est utilisé
pour rapporter un événement récent.
*Je **viens de** <u>décrocher</u> un job.*

▷ Activité 3 p. 58

Communication

9. Les goûts de la classe

1 À deux. Imaginez la suite
du questionnaire.

2 Demandez à votre voisin(e)
de remplir le questionnaire.

3 Présentez vos réponses à la classe.

6. Les goûts de Louise

Reformulez les phrases comme dans
l'exemple.

J'aime le soleil. → *Ce que j'aime, c'est le soleil.*

a La mer, ça me plaît.
b Je déteste le bruit.
c Faire du sport, j'adore ça.
d La musique, j'adore !

7. Les nouvelles

Transformez ces SMS en bonnes nouvelles.

Je suis à la gare. On se retrouve où ?
Charlotte

→ *Charlotte vient d'arriver à la gare !*

a Nous avons acheté les billets
d'avion. Papa

→ Mes parents ___

b J'ai trouvé un travail ! Caroline

→ Caroline ___

Phonétique 🎧 31 → p. 120

Les sons [ʃ] et [ʒ]

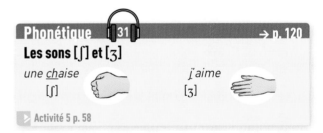

une <u>ch</u>aise   <u>j</u>'aime
[ʃ]   [ʒ]

▷ Activité 5 p. 58

8. [ʃ] et [ʒ] 🎧 31

Écoutez et répétez.

[ʃ ʃ ʃ ʃ] – [ʒ ʒ ʒ ʒ]

LES LOISIRS

a Pour vos loisirs, vous avez : ○ assez de temps.
○ pas assez de temps.

b Vous préférez les activités : ○ à l'extérieur de la maison.
○ à la maison.

c ___
d ___
e ___

Leçon 14 | Écologie

Liberté • Égalité • Fraternité
RÉPUBLIQUE FRANÇAISE

Ministère
de l'Écologie,
du Développement
durable
et de l'Énergie

1

1. Ministère

Observez le document 1. Répondez aux questions.

a Vous connaissez quels mots ? Expliquez-les.

b Il y a un ministère de l'Écologie dans votre pays ?

2

CLIMAT

Objectif 2020 : diminuer de 20 % la consommation d'énergie

La consommation des énergies fossiles (pétrole, gaz, charbon…) rejette des gaz à effet de serre. À cause de ces gaz, le climat se réchauffe et ce réchauffement climatique devient un danger pour la planète. Les institutions doivent se mobiliser. C'est pour ça que le conseil général du Finistère a proposé un plan « climat-énergie » : diminuer la consommation d'énergie, utiliser des énergies renouvelables.

CONSOMMATION

Logements et bureaux, sources d'économie d'énergie

Les logements et les bureaux entraînent 43,5 % de la consommation d'énergie. Le conseil général s'est donc mobilisé pour diminuer cette consommation : logements « basse consommation », utilisation des énergies renouvelables dans les bâtiments publics…

CONSOMMATION

Transports en commun, sources d'économie d'énergie

Les transports entraînent 32 % de la consommation d'énergie et sont responsables de 70 % des gaz à effet de serre. Alors, le conseil général se mobilise pour développer le covoiturage et les transports en commun. Grâce à des tarifs bas, à des abonnements « spécial jeunes » et à des sites Internet d'information pour les voyageurs (www.solution-covoiturage.com), le département du Finistère lutte contre le réchauffement climatique et contre la pollution.

CONSEIL GÉNÉRAL **Finistère** Penn-ar-Bed

« La meilleure énergie est celle que nous ne consommons pas. »
www.cg29.fr

* *Penn-ar-bed* = la tête du monde, en breton.

2. Conseil général

Observez le document 2.

1 Dites qui a écrit ce document.

2 Trouvez le département du Finistère sur la carte p. 159. Dans quelle région de France se trouve-t-il ?

3 Que représentent les trois photos ?

Culture/Savoir
Le conseil général est le « parlement » du département. Il y a 96 départements en France (et 5 d'outre-mer). Il y a 22 régions (et 5 d'outre-mer).

3. Objectif 2020

Lisez le document 2.

1 Dites quel est l'objectif du département du Finistère.

2 Pour chaque partie, relevez les problèmes écologiques et les solutions que propose le conseil général du Finistère.

Partie 1 →
Problème : le climat se réchauffe.
Solution : plan « climat-énergie ».

Pour...

→ **Présenter un problème et donner des solutions**

*À **cause des** gaz à effet de serre, **le climat se réchauffe**. Il faut **donc** économiser l'énergie. **Grâce** aux énergies renouvelables, on pourra **diminuer la pollution**.*

Les mots...

De la protection et de l'environnement ▷ Activité 6 p. 59

la terre, la planète
l'écologie
le climat,
le réchauffement climatique
les gaz à effet de serre
l'énergie, les énergies fossiles,
les énergies renouvelables

la pollution, polluer
diminuer la consommation
d'énergie, économiser l'énergie
utiliser les énergies
renouvelables
se mobiliser, lutter contre
proposer un plan

4. Causes et conséquences

1 Trouvez la cause et la conséquence. Le résultat est-il positif ou négatif ?

a À cause des gaz à effet de serre, le climat se réchauffe.

b Grâce à des tarifs bas et à des abonnements « spécial jeunes », le département lutte contre le réchauffement climatique.

2 Trouvez la cause et la conséquence.

a Les institutions doivent se mobiliser. C'est pour ça que le conseil général du Finistère a proposé un plan « climat-énergie ».

b Les logements et les bureaux consomment de l'énergie. Le conseil général s'est donc mobilisé.

c Les transports sont responsables de 70 % des gaz à effet de serre. Alors, le conseil général se mobilise.

Grammaire → p. 130

La cause

(RAPPEL) *parce que (qu')* + phrase :
Il faut développer les énergies renouvelables parce que les énergies fossiles polluent.

« *À cause de* + nom / pronom » introduit une cause qui a un résultat négatif.
À cause des gaz à effet de serre, le climat se réchauffe.

« *Grâce à* + nom / pronom » introduit une cause qui a un résultat positif.
Grâce à des sites Internet, le conseil général lutte contre la pollution.

La conséquence

C'est pour ça que (qu') / donc / alors + phrase :
Le climat se réchauffe. C'est pour ça qu'il faut économiser l'énergie.

▶ Activité 7 p. 59

---

5. Les voitures au garage !

Complétez le texte avec *à cause des, grâce aux, donc, c'est pour ça qu'*.

La terre se réchauffe ___ gaz à effet de serre. ___ il faut économiser l'énergie. ___ énergies renouvelables, vous pouvez lutter contre ce réchauffement. Nous vous conseillons ___ de préférer la marche à pied, le vélo ou les transports en commun. Laissez votre voiture au garage !

6. Environnement

Lisez les documents 1 et 2 (p. 52). Relevez le vocabulaire de l'environnement.

L'écologie...

7. [ʃ] et [ʒ] 🎧32

Écoutez et lisez la phrase. Comment s'écrivent les sons [ʃ] et [ʒ] ?

Le climat se réchauffe à cause des énergies fossiles qui rejettent des gaz à effet de serre.

Phonétique 🎧33 → p. 121

Les sons [ʃ] et [ʒ]

Le son [ʃ] s'écrit : *ch* : le ré**ch**auffement.
Le son [ʒ] s'écrit : – *j* : re**j**eter ;
– *g* + *e, i* : dan**g**er, écolo**g**ie.

▶ Activité 8 p. 59

Communication

8. Plan « climat-énergie » de la classe

En groupe.

1 Listez des problèmes écologiques et proposez des solutions.

2 Rédigez votre plan « climat-énergie ».

– Donnez un titre à chaque partie.

– Illustrez votre document (dessins, photos...).

– Créez un logo « conseil général de la classe ».

3 Présentez votre document à la classe.

Leçon 15 | # Le loup

Parc national du **Mercantour**

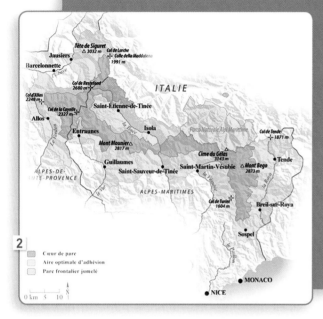

Création du parc

18 août 1979

Situation

Départements : Alpes-Maritimes (06)
et Alpes-de-Haute-Provence (04).
Région : Provence-Alpes Côte d'Azur.

Relations internationales

Jumelages : parco naturale delle Alpi
Maritime (Italie) et parc national
de Banff (Canada).

Flore

2 000 espèces de plantes,
dont 200 rares.

Faune

Plus de 200 espèces
d'animaux : 58 espèces
de mammifères –
le chamois, le bouquetin,
le cerf, la marmotte,
le loup… – et 153
espèces d'oiseaux.

---

1. Le Mercantour

Observez les documents 1 et 2.

**1 Trouvez les noms des deux animaux
sur la photo.**

2 Choisissez.

Le parc du Mercantour est : à la campagne ?
à la mer ? à la montagne ?

3 Trouvez le Mercantour sur la carte p. 159.

Culture/Savoir

Il y a 7 parcs nationaux en France (et 3 en outre-mer).
Un parc national possède une grande variété d'écosystèmes.
Il protège la faune et la flore.

2. Un parc national

Lisez le document 3.

1 Répondez aux questions.

a Quel âge a le parc du Mercantour ?

b Est-ce que les animaux du parc vivent dans
votre pays ?

2 Associez.

La faune • • Les plantes
La flore • • Les animaux

Grammaire **34** → p. 122

Le pluriel des mots en *-al*

-al → -aux
un animal → des animaux
un parc national → des parc nationaux

Pour...

→ **Donner une opinion (1)**

Je pense que le loup est utile.
*Je trouve qu'*il est nécessaire.

Les mots...

Des animaux ▷ Activité 9 p. 59

la faune
les mammifères, les oiseaux, les poissons, les insectes
les animaux sauvages : le loup, l'ours, le chamois,
le bouquetin, le cerf, la marmotte
les animaux domestiques : le mouton, la brebis,
la vache, le chien, le chat
un éleveur, un berger

De la nature

la flore
une plante, une fleur,
un arbre
la biodiversité
un écosystème

3. Pour ou contre ? 🎧 35

Écoutez l'émission de radio *5 jours à la une*. Répondez aux questions.

a Quel est le thème de l'émission ?

b Quels sont les animaux sauvages et domestiques cités ?

c On entend le journaliste et deux autres personnes.

1 Quelle est leur profession ?

2 Quelle est leur opinion ?

3 Relevez les arguments pour et contre le loup.

4. Opinions 🎧 35

Écoutez l'émission avec la transcription (p. 155).

1 **Comment appelle-t-on les personnes « pour » et « contre » le loup ?**

2 **Trouvez l'équivalent.**

a Il est inutile.

b Ce n'est pas juste.

c Habiter avec.

3 **Complétez les phrases.**

a ___ que le loup ne sert à rien.

b ___ qu'il est très utile.

4 **Dans les phrases suivantes, « *le* » et « *l'* » remplacent quel mot ?**

On ne **le** voit pas. – Impossible de **l'**attraper. – Les touristes viennent **l'**observer.

Grammaire → p. 129

Penser que / Trouver que + verbe à l'indicatif

*Les écologistes **pensent que** le loup **est** nécessaire.*
*Les éleveurs **trouvent qu'**il **est** inutile.*

▶ Activité 10 p. 59

Grammaire → p. 124

Les pronoms compléments d'objet direct (COD)

Les pronoms COD remplacent des noms de personnes ou d'objets.

	Singulier	Pluriel
1re personne	*me (m')*	*nous*
2e personne	*te (t')*	*vous*
3e personne	*le (l') / la (l')*	*les*

Ils se placent avant le verbe : *On ne **le** voit pas.*
Ils se placent avant l'infinitif : *Impossible de **le** voir.*

▶ Activité 11 p. 59

---

5. Oui ou non ?

Complétez les réponses comme dans l'exemple.

*Tu as vu le loup ? → Non, je ne **l'**ai pas vu.*

a Tu as visité le Mercantour ? → Non, ___

b Tu veux voir les animaux sauvages ? → Oui, ___

c Tu aimes les ours ? → Non, ___

d Le loup te fait peur ? → Oui, ___

Phonétique 🎧 36 → p. 120

Les sons [s] – [ʃ] et [z] – [ʒ]

	ça [s]	chat [ʃ]
	les_animaux [z]	il joue [ʒ]

▶ Activité 12 p. 59

---

6. [s] – [ʃ] et [z] – [ʒ] 🎧 36

Écoutez. Dites si vous entendez [s], [ʃ], [z] ou [ʒ].

les animaux → J'entends [z].

Communication

7. Loup y es-tu ?

1 **Le loup a-t-il mauvaise réputation dans votre pays ?**

2 **Est-ce que les contes *Le Petit Chaperon rouge* et *Les Trois Petits Cochons* existent dans votre pays ?**

3 **Vous connaissez d'autres histoires avec des loups ? Avec d'autres animaux ?**

8. Mon opinion

Donnez votre opinion sur les thèmes suivants :

– l'ours dans les Pyrénées ;

– la protection de la faune et de la flore ;

– les animaux domestiques dans les villes.

Utilisez : *je pense que, je trouve que, utile, inutile, juste, injuste…*

Leçon 16 | Au café

1. Vous et les cafés

Répondez aux questions.

a Aimez-vous aller au café ? Pourquoi ?

b Avec qui allez-vous au café ?

c Que prenez-vous ?

d Que dites-vous pour appeler le serveur ?

e Laissez-vous un pourboire ?

2. Bonnes manières totem 7

Regardez la vidéo avec le son. Choisissez la bonne réponse.

a Que disent Hugo et Léo pour appeler le serveur ?
1 Hé !
2 Excusez-moi !
3 S'il vous plaît !

b Pour entrer en contact avec la personne à qui il demande la chaise, Léo dit...
1 S'il vous plaît !
2 Monsieur !
3 Excusez-moi !

c Que dit la personne à Léo pour signifier qu'il peut prendre la chaise ?
1 Je t'en prie.
2 Je vous en prie.
3 Mais oui !

d Le téléphone de Juliette sonne.
1 Elle répond, reste assise et continue à parler.
2 Elle se lève et s'éloigne avant de répondre.
3 Elle répond, dit « excusez-moi » à ses amis et s'éloigne pour parler.

3. Les gestes parlent totem 7

Regardez la vidéo avec le son. Que signifient ces gestes ? Choisissez.

a
1 Je suis là.
2 Bonjour.
3 Monsieur, je voudrais commander.

b
1 C'est bien.
2 C'est pas vrai.
3 C'est bon.

c
1 C'est super.
2 Je n'aime pas beaucoup.
3 Ce n'est pas vrai.

4. « Portable » parce qu'on le porte sur soi

1 Dites comment on appelle le « portable » dans votre langue. Que signifie le mot ?

2 En France, pour être poli(e), on coupe la sonnerie de son téléphone (mode silencieux). Dans votre pays, quels sont les codes de politesse en relation avec le portable ?

5. Réponses

Réagissez à ces phrases et situations. Utilisez les mots-phrases ou les gestes.

La tour Eiffel est tombée ! → *Mon œil !*

a J'ai réussi mon examen !

b Je peux travailler avec toi ?

c Il est intéressant ce livre, non ?

d J'ai gagné au loto !

MOTS-PHRASES

Excusez-moi. = Pour s'excuser ou entrer en contact avec une personne.
Je vous en prie. / Je t'en prie. = Faites.
Bof ! = Je n'aime pas beaucoup, ce n'est pas très bien.
Bravo ! = Félicitations, c'est très bien.
S'il vous plaît ! = Pour appeler le serveur dans un café.

Le Flore

6. Les cafés dans votre pays

1 Lisez le questionnaire. Choisissez.

> **Dans votre pays, un café, c'est avant tout :**
> **a** un lieu pour retrouver des amis. ○
> **b** un lieu pour boire un bon café. ○
> **c** un lieu pour manger. ○
> **d** un lieu d'animation culturelle. ○
> **e** un lieu de rendez-vous professionnels. ○

2 Voici les résultats du sondage pour les Français. Comparez ces résultats avec les résultats de la classe.

a 51 %   c 18 %   e 4 %
b 19 %   d 7 %

7. Avant et maintenant

Regardez les deux photos. Décrivez :

a ce qu'il y a sur les tables ;
b ce que font les personnes ;
c ce qui a changé.

8. Un célèbre café

1 Lisez le texte sur le café de Flore. Répondez aux questions.

a Pourquoi le Flore est-il devenu célèbre ?
b À votre avis, par quelles autres disciplines artistiques peut-on compléter le texte ?

2 Lisez l'avis de Fanny. Pour Fanny, qu'est-ce qui caractérise le Flore ?

3 À votre tour, donnez votre avis à propos d'un café que vous aimez.

« Cher mais chic »

◎◎◎◎ Avis écrit le14 janvier 2014

Fanny2   Quand je suis à Paris, je vais toujours au Flore. Il y a une atmosphère particulière : moderne et classique, chic et charmant. Les Parisiens prennent un café et lisent le journal. Les touristes boivent un verre de vin. Les fashionistas comparent leurs achats… J'adore !
C'est mon café préféré à Paris. C'est cher mais… c'est Saint-Germain-des-Prés !

---

9. Cafés, bars, bistrots

Décrivez à la classe un café que vous aimez bien. Dites où il se trouve, sa spécialité, pourquoi vous aimez aller dans ce café.

Le café de Flore a ouvert en 1887. Il était très apprécié par les intellectuels. Entre 1913 et les années soixante, tous les grands noms de la littérature, de la philosophie et du cinéma s'y sont retrouvés. Le surréalisme y est né. Aujourd'hui, il reste célèbre et représente, pour beaucoup d'étrangers, l'élégance parisienne.

Entraînement

Leçon 13

1 Les vacances

Transformez les phrases de Juliette.

Exemples :

Pique-niquer, j'aime bien.
→ Ce que j'aime bien, c'est pique-niquer.

Ce qu'il faut, c'est du soleil.
→ Il faut du soleil.

a Je déteste faire du jogging.
b Un bon livre au soleil, j'adore.
c J'aime les comédies romantiques.
d J'aime bien visiter les musées.
e La pluie, je déteste.
f Je veux un café.
g J'aime être à vélo.
h Ce que je ne veux pas, c'est me lever tôt.
i Ce que j'aime bien, c'est faire de la gym.
j La musique pop, c'est ce que je préfère.
k Retrouver mes copains au café, c'est ce que j'aime.
l Ce que j'aime, ce sont les fêtes à la plage.
m Ce que je veux, c'est lire un bon livre.
n Ce que j'aime, c'est voyager.

2 *Ce que* ou *ce qui* ?

Complétez les phrases avec *ce que* ou *ce qui*.

Exemples :

***Ce qui** est beau, c'est la plage*
à 8 heures du matin.

*La littérature, c'est **ce que** j'aime.*

a ___ je n'aime pas, c'est le café.
b ___ me plaît, c'est voyager.
c ___ est sympa, c'est d'être avec ses copains.
d ___ je voudrais, c'est faire une grande fête pour mon anniversaire.
e ___ n'est pas facile, c'est de trouver un job d'été.
f ___ je préfère, c'est prendre le soleil à la terrasse d'un café.

3 C'est vrai ?

Complétez les phrases avec le passé récent. Choisissez un verbe dans la liste.

apprendre – choisir – se marier – réussir – ~~trouver~~

*Exemple : Ils **viennent de trouver** un nouvel appartement.*

a Nous ___ un magnifique voyage.
b Elle ___ son examen.
c Je ___ la naissance de Tim, le fils de ma cousine.
d Elle ___, c'est super !

4 Quoi et où ?

Associez les activités et les objets aux lieux. Il y a plusieurs réponses possibles.

retrouver des amis

des jeux vidéo

une terrasse

le journal

les arbres

boire un verre

le silence

un croissant

regarder les gens

un vélo

bronzer

un livre

parler

un café

prendre le soleil

à la campagne

au café

5 [ʃ] et [ʒ] 🎧37

Écoutez et répétez.

a J'aime cette chaise jaune.
b J'adore jouer aux jeux vidéo.
c Mon chat et mon chien partagent cette chaise.

─────── ▎Leçon 14 ───────────────────────────────

6 Terre en danger !

Complétez le texte avec : *proposer, se mobiliser,*
diminuer **(X2),** *utiliser, lutter.*

Pour ___ contre le réchauffement climatique,
il faut ___ notre consommation d'énergie. C'est
pour ça que notre gouvernement doit ___ pour
___ les énergies renouvelables. Il doit ___ un
plan pour ___ la pollution de notre planète.

7 Cause – Conséquence

Transformez les phrases. Utilisez
l'expression entre parenthèses.

Exemple : Les gaz à effet de serre. La terre
se réchauffe. (à cause de)
→ À cause des gaz à effet de serre, la terre
se réchauffe.

a Les énergies renouvelables. On peut lutter
   contre le réchauffement climatique. (grâce à)

b La planète est en danger. Il faut se mobiliser.
   (c'est pour ça que)

c Les voitures polluent. Il faut utiliser les
   transports en commun. (donc)

d Le climat se réchauffe. La consommation
   des énergies fossiles. (à cause de)

e Il faut utiliser les énergies renouvelables. La
   consommation d'énergie augmente. (alors)

8 Dictée phonétique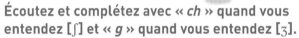

Écoutez et complétez avec « *ch* **» quand vous**
entendez [ʃ] et « *g* **» quand vous entendez [ʒ].**

La planète est en dan*g*er ! Le climat
se ré___auffe. Les sources d'éner___ie
diminuent. Sa___ez faire les bons ___estes pour
lutter contre le ré___auffement. Man___ez bio !
Avec nous, parta___ez la culture écolo___ique.
A___etez des produits bio !

─────── ▎Leçon 15 ───────────────────────────────

9 À vos crayons !

Dessinez un animal. Montrez votre dessin à
la classe. La classe trouve le nom de l'animal.

10 L'ours des Pyrénées

Conjuguez les verbes
entre parenthèses.

Aujourd'hui, on (compter) une
vingtaine d'ours dans les Pyrénées. Les partisans de l'ours pensent qu'il (appartenir) au
patrimoine naturel et culturel des Pyrénées.
Ils pensent que l'homme (devoir) le protéger.
Les opposants, eux, trouvent que les ours
(être) dangereux. Les éleveurs pensent que
la cohabitation (être) impossible parce que
les ours (attaquer) et (manger) leurs brebis.
Le gouvernement pense qu'il (falloir) continuer
le plan de protection de l'ours dans les Pyrénées.

11 Devinettes

Trouvez de qui ou de quoi on parle.
Exemple : Dans le Mercantour, on ne **le** *voit*
pas parce qu'il se cache. → *le loup*

a Le loup **les** attaque et **les** mange.

b Dans les Pyrénées, ses partisans pensent
   qu'il faut **le** protéger.

c Les moutons **le** suivent et **l'**écoutent.

d On doit **l'**économiser pour lutter contre
   le réchauffement climatique.

e Je **les** aime.

f Elle **m'**a appelé.

12 [s] – [ʃ] et [z] – [ʒ]

Écoutez et répétez.

a Six chats sauvages chassent sept vaches.

b Deux ours aux yeux jaunes jouent dans
   un zoo.

Action !

Nous faisons un flyer pour un village de vacances écologique.

Pour cela, nous allons :

▷ **Donner un nom au village.**

▷ **Situer le village sur la carte de la France.**
Vous dites le nom de la région et du département.

▷ **Décrire le lieu :**
  – la faune ;
  – la flore ;
  – l'habitat.

▷ **Présenter les aspects écologiques.**
Vous décrivez :
  – le type d'énergie utilisée ;
  – les mesures écologiques du village.

▷ **Lister les activités de loisirs : lire sous les arbres, faire de la marche...**

▷ **Imaginer trois témoignages d'anciens vacanciers.**
Vous parlez :
  – des goûts de ces vacanciers ;
  – des avantages du lieu choisi ;
  – des raisons du choix des vacanciers.
Vous racontez une expérience positive.

▷ **Choisir des photos ou dessiner pour illustrer le flyer.**

▷ **Écrire un slogan.**

▷ **Afficher les flyers dans la classe.**

▷ **Faire le top 3 des flyers.**

Votre avis nous intéresse :	+	++	+++
La création du flyer	❑	❑	❑
Le choix des plus beaux flyers	❑	❑	❑

5. Sans répéter

1 Observez les phrases. Associez.

a Je l'utilise souvent à la maison.

b Je vais les chercher.

c Je le passe plus souvent que toi.

d Tu lui dis bonjour.

e Il faut leur dire... tu parles anglais.

1 À la directrice / Au directeur du magasin

2 Les chaussures à talons

3 L'aspirateur

2 Choisissez la bonne réponse.

Le pronom complément (COD ou COI) se place :

a avant le verbe.

b après le verbe.

Grammaire → p. 124

Les pronoms COD et COI

Ils se placent avant le verbe.

Les pronoms compléments d'objet direct (COD) s'utilisent avec les verbes sans préposition.
Je passe l'aspirateur. → *Je le passe.*

Les pronoms compléments d'objet indirect (COI) remplacent des noms précédés de la préposition *à* (ils répondent à la question « à qui ? »).
Tu dis bonjour à la directrice / au directeur.
(dire à) → *Tu lui dis bonjour.*

Tu donnes ton CV aux directeurs.
(donner à) → *Tu leur donnes ton CV.*

▷ Activités 1 et 2 p. 72

6. Comment ? 🎞 8

Regardez la vidéo avec le son et lisez la transcription (p. 152). Complétez les phrases.

a Tu parles anglais ___ .

b La jupe ? Ça ira ___ .

c Il faut attendre avant de t'asseoir ___ .

Grammaire 🎧 41 → p. 126

Les adverbes de manière en -ment

La plupart des adverbes en **-ment** se forment avec l'adjectif au féminin + **-ment**.
douce → *douce**ment*** ; *parfaite* → *parfaite**ment***

❶ *Tu parles anglais **couramment**.*

▷ Activité 3 p. 72

7. Avant l'entretien

Complétez avec un pronom COD ou COI.

JULIETTE : Tu mets ta jupe noire.

LOUISE : OK, je ___ mets.

HUGO : Et tes chaussures à talons.

LOUISE : Ah oui, je ___ aime bien.

HUGO : Et tu donnes ton CV au directeur.

LOUISE : J'ai compris, je ___ donne mon CV.

8. Commentaires

Complétez avec des adverbes de manière.

*Louise est sérieuse. Elle travaille **sérieusement**.*

a Simon est correct. Il agit ___ .

b Hugo est doux. Il parle ___ .

c Juliette est délicate. Elle fait les choses ___ .

Phonétique 🎧 42 → p. 120

Les sons [p] et [b]

une jupe [p]   *un job* [b]

▷ Activité 4 p. 72

9. [p] et [b] 🎧 42

Écoutez. Dites si vous entendez [p] (comme dans *jupe*) ou [b] (comme dans *job*).

bonjour → *J'entends [b].*

Communication

10. Devinettes

Imaginez cinq devinettes sur le thème de l'entretien d'embauche. La classe trouve la réponse.

On les choisit avant d'aller à un entretien. → *Les vêtements.*

11. Publicité

En groupe. Faites une publicité pour un appareil numérique. Écrivez le texte et illustrez-le. La classe choisit les trois meilleures publicités.

> Vous la téléchargez. Vous l'utilisez tous les jours. Vous la partagez avec vos amis.
> **Vous l'adorerez ! Jobappli, l'application idéale !**

Leçon 18 | L'entretien

pôle emploi

| Candidat | Employeur | Actualités | Informations |

DOSSIER : Demandeur d'emploi : réussir l'entretien d'embauche

**L'entretien d'embauche est la dernière étape pour trouver un emploi.
Avant, pendant, après l'entretien, voici nos conseils pour réussir cette étape.**

● Vous avez rendez-vous pour un entretien d'embauche : vous devez préparer l'entretien soigneusement.
Faites la liste de vos qualités. Il faut que vous maîtrisiez votre CV. Vous devez avoir une connaissance de l'entreprise et du poste.
Il ne faut pas que vous arriviez en retard le jour de l'entretien : vous devez connaître parfaitement l'adresse et le trajet. Arrivez une dizaine de minutes à l'avance.
Le jour de votre entretien, vous devez avoir une tenue et une coiffure soignées. Évitez les vêtements négligés. Attention : il faut que vous soyez à l'aise. Ne portez pas une tenue que vous détestez.
Quand vous arrivez à l'accueil de l'entreprise, présentez-vous. Il faut que vous restiez poli et souriant avec toutes les personnes que vous rencontrez : montrez votre savoir-vivre.

Quand le recruteur vient vous chercher, laissez-le parler en premier. Donnez-lui une poignée de main ferme. Il faut que vous le regardiez dans les yeux et que vous souriiez. Quand vous entrez dans son bureau, ne vous asseyez pas avant lui. Vous devez vous asseoir correctement, le dos droit. Ne croisez pas vos bras ni vos jambes.

● Pendant l'entretien, répondez aux questions. Ne parlez pas trop vite et évitez de bouger sur votre chaise. Soyez à l'écoute, prenez des notes. Bien sûr, pensez à éteindre votre portable. À la fin de l'entretien, remerciez le recruteur. Demandez-lui quand vous devez reprendre contact et saluez-le avec le sourire.

● Après l'entretien, vous pouvez remercier votre recruteur par e-mail ou par lettre.

1. Pôle emploi

Pôle emploi est un établissement public qui aide les demandeurs d'emploi à trouver un travail. Existe-t-il un organisme identique dans votre pays ? Quel est son nom ?

2. L'entretien d'embauche

**Lisez le document (le titre et l'introduction).
Dites :**

a à qui il s'adresse ;
b ce qu'il propose.

3. Réussir l'entretien

Lisez le document. Relevez les conseils :

a avant l'entretien : *Vous devez préparer l'entretien soigneusement.* ___

b après l'entretien : ___

c le jour de l'entretien / pendant l'entretien :
1 tenue / attitude physique : *Vous devez avoir une tenue et une coiffure soignées.* ___
2 comportement / attitude psychologique : *Il ne faut pas que vous arriviez en retard.* ___

Culture/Savoir ❚
Le CV (curriculum vitæ) est un document qui détaille le parcours universitaire et professionnel, et les compétences d'un candidat à un poste. Il est accompagné d'une lettre de motivation.

Pour...
→ **Donner des conseils (2)**

Il faut que vous restiez poli.
Il ne faut pas que vous arriviez en retard.
Évitez les vêtements négligés.
Ne croisez pas vos bras.
Vous devez connaître l'adresse.

Les mots...
Du travail (2)

chercher / trouver un emploi
un chômeur / un demandeur d'emploi / un candidat
une entreprise, un recruteur
une lettre de motivation
un entretien d'embauche
les compétences
les qualités

De la tenue, de l'attitude, du comportement ▷ Activité 5 p. 72

avoir une tenue et une coiffure soignées
donner une poignée de main ferme
regarder dans les yeux
s'asseoir correctement, le dos droit
croiser les bras, les jambes
être à l'aise / poli(e) / souriant(e) – sourire
montrer son savoir-vivre

4. Des conseils

Lisez le document.

1 Trouvez un conseil exprimé avec :

a l'impératif ;

b l'impératif + un pronom complément ;

c l'impératif négatif ;

d *devoir* + infinitif ;

e *il faut que* ;

f *il ne faut pas que*.

2 Choisissez la bonne réponse.

Le pronom complément (COD ou COI) se place :

a avant le verbe à l'impératif affirmatif.

b après le verbe à l'impératif affirmatif.

3 Choisissez la forme correcte.

Il faut que vous êtes / vous serez / vous soyez / vous étiez à l'aise.

Grammaire → p. 128

L'impératif + pronom complément

Le pronom complément **COD** ou **COI** se place **après le verbe** à l'impératif affirmatif.
*Demandez-**lui**.*
On utilise *moi, toi, nous, vous* pour les 1ʳᵉ et 2ᵉ personnes.
*Asseyez-**vous**.*

▷ Activité 6 p. 72

Grammaire  43 → p. 129

Le subjonctif présent

On utilise le subjonctif après *il faut que / il ne faut pas que*.
*Il faut que vous **soyez** à l'aise.*
*Il ne faut pas que vous **arriviez** en retard.*

Formation :
– pour *je, tu, il/elle/on, ils/elles* :
base de la 3ᵉ personne du pluriel au présent + **-e, -es, -e, -ent**.

il faut {
que je souri**e**
que tu souri**es**
qu'il/elle/on souri**e**
qu'ils/elles souri**ent**
} [suri]

– pour *nous, vous* :
subjonctif = imparfait.

il faut {
que nous souriions [surijɔ̃]
que vous souriiez [surije]
}

❶ Les verbes *être, avoir, aller, faire, pouvoir, savoir, vouloir* sont irréguliers.

▷ Activité 7 p. 73

Phonétique 44 → p. 120

Les sons [f] et [v]

Il faut   *éviter*
[f]   [v]

▷ Activité 8 p. 73

---

5. Pense-bête

Lisez les notes de ce candidat à un entretien d'embauche. Retrouvez les conseils dans le document Pôle emploi.

Il faut que j'arrive à l'avance.
→ *Arrivez une dizaine de minutes à l'avance.*

> Pour l'entretien :
> Il faut que je pense à éteindre mon portable.
> Il faut que je m'habille bien.
> Il ne faut pas que je croise les bras.
> Il faut que je parle lentement.

---

6. [f] et [v] 44

Écoutez. Dites si vous entendez [f] (comme dans *il faut*) ou [v] (comme dans *éviter*).

arriver → J'entends [v].

Communication

7. Le professeur de français

En groupe.

1 Faites la liste des qualités d'un professeur de français (exemples : disponible, ouvert aux échanges). La classe choisit six qualités.

2 Pour le site Pôle emploi, donnez des conseils à des demandeurs d'emploi qui cherchent un poste de professeur de français dans une école. Présentez votre page Internet à la classe.

saluer, remercier
être à l'écoute

Leçon 19 |

Égalité !

Liberté • Égalité • Fraternité
RÉPUBLIQUE FRANÇAISE

MINISTÈRE
DES DROITS DES FEMMES

1

2

17 % D'ÉCART DE SALAIRE.
100 % D'INÉGALITÉS.

80 % DE L'ACTIVITÉ DOMESTIQUE
REPOSE SUR LES FEMMES.
COURAGE MESSIEURS.

Laboratoire de l'Égalité | Partager une culture commune de l'égalité entre les femmes et les hommes.
laboratoiredelegalite.org
A

Laboratoire de l'Égalité | Partager une culture commune de l'égalité entre les femmes et les hommes.
laboratoiredelegalite.org
B

Les droits des femmes

**Observez le document 1.
Répondez aux questions.**

a À votre avis, quel est le rôle d'un ministère des Droits des femmes ?

b Est-ce utile ? Pourquoi ?

c Existe-t-il un ministère identique dans votre pays ?

Un pacte

Observez les affiches A et B.

1 Qui a créé ces affiches ?

2 Associez.

a À la maison, les femmes travaillent plus que les hommes.

b Au travail, les femmes gagnent moins que les hommes.

1 affiche A

2 affiche B

3 Trouvez le contraire d'*égalité*.

4 Complétez avec les nombres exacts.

Les hommes gagnent ___ % de plus que les femmes.
Ils participent à ___ % des tâches ménagères.

Hommes / Femmes 🎧45

Un couple parle des affiches A et B vues dans le métro parisien. Écoutez le dialogue.

1 Notez les nombres. À quoi correspondent-ils ? Sont-ils identiques aux nombres sur les affiches ?

2 Relevez les tâches domestiques citées.

3 Trouvez un équivalent d'*égalité*.

Culture/Savoir |

En France, les femmes gagnent entre 17 et 25 % de moins que les hommes. Elles occupent 68 % des postes non qualifiés. Une femme consacre, par jour, 1 h 45 de plus qu'un homme aux tâches domestiques. En politique, il y a 22 % de sénatrices, 27 % de députées, 14 % de femmes maires.

Pour...

→ **Donner une opinion (2), exprimer des certitudes**

Je trouve / pense / crois que c'_est_ utile.
Je suis sûr / certain que c'_est_ utile.
Ce qui est sûr, c'est que c'_est_ utile.

→ **Exprimer des souhaits**

Je voudrais / J'aimerais que ce **soit** utile.
Il faudrait / Ce serait bien que ce **soit** utile.

Les mots...

De l'égalité au travail, à la maison ▷ Activité 9 p. 73

la parité
l'égalité ≠ l'inégalité
le partage des activités domestiques / des tâches ménagères
un écart de salaire
gagner plus / moins, gagner 20 % de plus
changer les mentalités / les comportements
faire des efforts, combattre, prendre des mesures

4. Souhaits et certitudes

Écoutez le dialogue. Relevez :

a trois souhaits exprimés par la femme : ___

b trois certitudes exprimées par l'homme : ___

Grammaire → p. 129

Le conditionnel

Pour exprimer un souhait, on utilise le conditionnel.
Formation : base du futur + terminaisons de l'imparfait (*-ais, -ais, -ait, -aient ; -ions, -iez*).
*vouloir : je voudr**ais***
*être : ce ser**ait** bien*

▷ **Activité 11 p. 73**

---

5. Les points de vue

Écoutez le dialogue avec la transcription (p. 153).

1 Complétez avec les expressions du dialogue.

a Opinion : *Tu crois que* ___

b Certitude : *Je suis certain que* ___

c Souhait : *J'aimerais bien que* ___

2 Associez.

a Après l'opinion et la certitude, on utilise...

b Après le souhait, on utilise...

1 le subjonctif.

2 l'indicatif (présent, passé composé, futur...).

Grammaire → p. 129

Indicatif / Subjonctif (1)

Après l'expression d'une **opinion** ou d'une **certitude**, on utilise l'**indicatif** (présent, passé composé, futur...).
*Je pense que c'**est** utile.*
*Je suis sûr que les comportements **ont changé**.*
Après l'expression d'un **souhait**, on utilise le **subjonctif**.
*Je voudrais que ce **soit** utile.*

▷ **Activité 10 p. 73**

Grammaire → p. 132 à 135

Le subjonctif présent des verbes irréguliers

aller – avoir – être – faire – pouvoir – savoir – vouloir

---

6. Pour la parité

Associez.

a Je crois que le gouvernement...

b Je voudrais que les hommes...

c Ce serait bien que tu...

d Je suis sûr que les femmes...

e J'aimerais qu'une loi...

f Je suis certaine que nous...

1 puisse changer les comportements.

2 aies un meilleur salaire.

3 doit prendre des mesures.

4 gagneront autant que les hommes.

5 devons combattre les inégalités.

6 fassent des efforts.

Phonétique 47 → p. 120

Les sons [p] – [f] et [v] – [b]

Pas d'effort.   *Ça va bien !*
[p]   [f]   [v] [b]

▷ **Activité 12 p. 73**

---

7. [p] – [f] et [v] – [b]

Écoutez. Dites si vous entendez [p], [f], [b] ou [v].

je voudrais → J'entends [v].

Communication

8. On parle d'égalité

1 Donnez votre point de vue sur les inégalités hommes / femmes en France. Comparez avec votre pays : au travail, à la maison. Expliquez votre point de vue : donnez votre opinion, exprimez vos certitudes, vos souhaits.

2 En groupe. Sur le modèle du document 2 (p. 68), créez une affiche qui sensibilise à une inégalité hommes / femmes.

Leçon 20 | # Un job ?

1. Une bonne image de soi

Répondez aux questions.

a Avez-vous déjà passé un entretien d'embauche ?

b Pour quel travail ?

c Comment étiez-vous habillé(e) ?

d De quoi avez-vous eu peur ?

e Combien de temps a duré l'entretien ?

f Quelles ont été les étapes ?

2. À faire ? À ne pas faire ? **totem** 8

Vous passez un entretien d'embauche.

1 Dites quelles sont les choses à faire et à ne pas faire.

2 Regardez la vidéo sans le son. Choisissez la bonne réponse.

	À faire	À ne pas faire
a Dire bonjour et serrer la main.		
b S'asseoir avant les autres.		
c Se pencher sur le bureau.		
d Choisir des vêtements corrects et confortables.		
e Avoir l'air naturel.		

3. Les gestes parlent **totem** 8

Regardez la vidéo sans le son.

1 Que signifie ce même geste ? Choisissez la bonne réponse.

1 | Fais vite.　　**2** | Fais-le.　　**3** | Ne le fais pas.

2 Observez Françoise. Quel est son rôle ? Comment la trouvez-vous ?

MOTS-PHRASES

Silence ! = Taisez-vous ! / Tais-toi !

Debout ! = Levez-vous ! / Lève-toi !

Dehors ! = Sortez ! / Sors !

Comédiens

4. Vous et le théâtre

Répondez aux questions.

a Est-ce que vous allez parfois au théâtre ?

b Est-ce que vous avez joué dans une pièce ?

c Est-ce que vous pouvez nommer un acteur de théâtre célèbre dans votre pays ?

d Que pensez-vous du travail des acteurs de théâtre ?

5. Allons au théâtre 🎞9

À deux. Regardez la vidéo sans le son.

1 Répondez aux questions.

a C'est une vidéo de quelle émission ?

b Où est-ce que ça se passe ?

c Combien de personnes voit-on ?

d À votre avis, qui sont-ils ?

2 Dites quels endroits vous voyez.

a le bar

b la librairie

c la galerie des tableaux

d la scène

e l'endroit où on achète les billets (la billetterie)

f la salle (où les spectateurs s'assoient)

6. Les acteurs 🎞9

**À deux. Regardez la vidéo avec le son.
Dites si c'est vrai ou faux.**

a Les jeunes vont commencer leur formation.

b Un des étudiants-acteurs n'est jamais allé à la Comédie-Française avant.

c Les étudiants-acteurs ne jouent pas dans des pièces pendant leur formation.

d À la fin de l'année, les jeunes jouent ensemble dans un spectacle.

7. Un célèbre personnage 🎞9

Regardez la vidéo avec le son et lisez les résumés des pièces citées. Retrouvez la pièce vue dans la vidéo.

Cyrano de Bergerac
(pièce d'Edmond Rostand – 1897)

Cyrano est un mousquetaire. Il est amoureux de sa cousine Roxane, mais il ne le dit pas car il ne se trouve pas beau : il a un trop long nez.

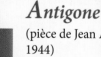

Antigone
(pièce de Jean Anouilh – 1944)

Antigone est une femme de l'Antiquité, un personnage tragique. Elle s'oppose au roi de sa ville.

Don Juan
(pièce de Molière – 1665)

Don Juan est un seigneur amoureux des femmes. Il a toujours avec lui Sganarelle, son fidèle serviteur.

71

Entraînement

---------- **Leçon 17** ----------

1 Louise écrit à Léo

Complétez l'e-mail.

> De : louiseletal@hotmail.com
> À : leoplum@free.fr
> Objet : entretien de demain
>
> Salut Léo,
> Ça y est ! Je refais mon CV. Je *le* complète avec mes
> expériences de cette année. J'ai parlé avec le responsable.
> Demain, je ___ parlerai de mes projets. Je ___ présenterai
> clairement. J'ai acheté une nouvelle veste. Je ___ porterai
> avec un simple pantalon noir. Les chaussures, je ___ ai.
> J'ai téléchargé une application spéciale pour prendre
> des notes. Je ___ utiliserai pour ___ impressionner !
> Je ___ plairai, je suis sûre ! Pense à moi.
> Bisous
> Louise

2 Juliette et Louise

Trouvez les questions de Juliette.

Exemple : JULIETTE : *Tu mettras tes chaussures
à talons ?* LOUISE : *Non, je ne les mettrai pas.*
JULIETTE : ___ ?
LOUISE : Je le prends peut-être.
JULIETTE : ___ ?
LOUISE : Oui, je leur ai parlé hier.
JULIETTE : ___ ?
LOUISE : Je le prépare aujourd'hui avec mon père.
JULIETTE : ___ ?
LOUISE : Je l'ai toujours avec moi.

3 Réussir un entretien

Reformulez les conseils de l'article.
Utilisez des adverbes en *-ment*.
*Exemple : avec clarté → claire
Pour réussir un entretien, il faut parler
clairement.*

> **Réussir un entretien** _____
>
> Pour réussir un entretien, il faut parler <u>avec
> clarté</u>. Être habillé <u>avec simplicité</u> est très
> important. Il faut répondre <u>avec sérieux</u>. Il
> ne faut pas s'exprimer <u>avec timidité</u>. Il faut
> saluer <u>avec chaleur</u> et <u>respect</u>.

4 Les sons [p] et [b]

Écoutez et répétez.

a ppppp – bbbbb
b papapapapa – babababa
c Bonjour, un aspirateur, s'il vous plaît.
d Vous parlez très bien portugais.
e Isabelle porte une belle jupe bleue.

---------- **Leçon 18** ----------

5 L'intrus

Trouvez l'intrus.

a <u>Le savoir-vivre</u> : sourire – saluer – crier –
remercier
b <u>L'attitude correcte</u> : s'asseoir le dos droit –
croiser les bras – regarder dans les yeux –
être à l'écoute
c <u>Chercher un emploi</u> : un recruteur –
un entretien d'embauche – un chômeur –
les vacances

6 Fais-le !

Répondez comme dans les exemples.
*Exemples : Je dois <u>faire</u> **mes exercices**. → <u>Fais</u>-**les** !
Il faut que nous **t'**<u>expliquions</u>. → <u>Expliquez</u>-**moi** !*

a Je dois <u>parler</u> **au recruteur**.
b Il faut que j'<u>aide</u> **ma collègue**.
c Il faut que je **te** <u>parle</u>.
d Nous devons <u>téléphoner</u> **à nos conseillers**.
e Il faut que nous <u>écrivions</u> **notre CV**.
f Il faut que nous **vous** <u>invitions</u>.

3. Pour ne pas répéter

1 Associez.

a Je ne pourrai pas ranger toutes mes affaires dans cette chambre.

b Je vais exposer mes photos dans cette pièce.

c J'ai installé mon bureau dans cette pièce.

1 J'y ai installé mon bureau.

2 Je vais y exposer mes photos.

3 Je ne pourrai pas y ranger toutes mes affaires.

2 Choisissez.

Le pronom *y* remplace un objet / remplace un lieu.

> **Grammaire** → p. 125
>
> ### Le pronom complément *y*
>
> Le pronom *y* remplace un complément de lieu.
> Il se place avant le verbe.
> *Cette chambre* est petite. Je ne pourrai pas *y* ranger toutes mes affaires.
>
> ▶ Activités 2 et 3 p. 84

4. Caractériser

Décomposez la phrase comme dans l'exemple.

C'est une pièce où j'aime travailler.
→ *C'est une pièce. J'aime travailler **dans cette pièce.***
C'est une pièce où j'aime recevoir des amis. → ____

> **Grammaire** → p. 124
>
> ### Le pronom relatif *où*
>
> Comme *qui* et *que*, le pronom relatif *où* permet de relier deux phrases.
> *Où* remplace un complément de lieu.
> *C'est une pièce. Je travaille dans cette pièce.*
> *C'est une pièce **où** je travaille.*
>
> ▶ Activités 1 et 3 p. 84

5. Le témoignage de Max

Utilisez le pronom *y* pour remplacer les lieux.

*J'**y** habite depuis dix ans.*
Mon appartement
J'habite dans cet appartement depuis dix ans. J'ai fait mes études dans cet appartement. J'habitais dans cet appartement quand j'ai rencontré Étienne. Dans cet appartement, j'ai des souvenirs extraordinaires. Nous habitions dans cet appartement quand j'ai décidé de partir à l'étranger.

6. Décrire

Reliez les phrases avec le pronom relatif *où*.

a C'est une grande cuisine. On mange dans la cuisine.

b C'est une chambre sympa. J'aime dormir dans cette chambre.

c C'est une petite ville. On va souvent au cinéma dans cette petite ville.

> **Phonétique** 🎧 51 → p. 120
>
> ### Le son [R]
>
> *les ve**rr**es*
> [R]   [R] sonne dans la gorge.
>
> ▶ Activité 4 p. 84

7. [R] 🎧 51

Écoutez. Dites si vous entendez [R] ou non.

les verres → *J'entends [R].*

Communication

8. Appart'magazine

Écoutez et répondez aux questions du journaliste. Utilisez le pronom *y.*

Bonjour. Pour mieux connaître nos lecteurs, nous organisons une enquête. Accepteriez-vous de répondre à des questions ? Merci.
Quels meubles avez-vous mis dans votre salon ?

→ *J'y ai mis un canapé, un fauteuil, une table...*

9. Activités dans votre ville

En groupe. Vous travaillez à l'office de tourisme. Écrivez un texte sur votre ville. Exemples d'informations : *grande ville, visiter des musées, faire des achats, lire aux terrasses des cafés, faire des rencontres, se promener...*

(*Nom de votre ville*) est une ville dynamique. On y travaille, on y étudie. C'est une ville où l'art est partout. Si vous la visitez, vous y serez chaleureusement accueillis.

Leçon 22 | **Citoyens**

Quelques droits de l'Homme... et du Parisien

Article 1er
Tous les êtres humains naissent libres et égaux en droits. Ils doivent agir dans un esprit de fraternité.

Article 2
Toutes les personnes ont les mêmes droits sans distinction de couleur, de sexe, de langue, de religion.

Article 17
Chaque personne a droit à la propriété.

Article 26
Toute personne a droit à l'éducation.

Article 75 (« spécial Paris »)
Tout Parisien est toujours pressé, stressé, râleur, de mauvaise humeur, indiscipliné. Mais heureusement, tout le monde a le droit d'être parisien !

D'après l'idée originale de Cabu.

1 Déclaration universelle des droits de l'Homme

1 Faites des recherches et trouvez :
a la date de sa création ;
b son objectif ;
c le nombre d'articles ;
d les principaux droits des citoyens.

2 Observez la bande dessinée (B.D.). Elle illustre la Déclaration des droits de l'Homme à Paris.
a Notez le nombre de vignettes.
b Repérez le personnage principal.
c Repérez les cinq lieux parisiens.

Pour...

→ Parler d'un ensemble de personnes

Tous les êtres humains doivent agir.
Toute personne a droit à l'éducation.
Tout le monde a le droit d'être parisien.
Chaque personne a droit à la propriété.

Les mots...

Des droits de l'Homme ▷ Activité 6 p. 85

l'Homme = les êtres humains
le citoyen
la liberté, libre
l'égalité, égal / égaux
la fraternité
le droit à la propriété, à l'éducation
sans distinction de sexe, de couleur, de langue, de religion, de nationalité

De la caractérisation ▷ Activité 5 p. 84

pressé(e), stressé(e) ≠ calme, zen
râleur (râleuse) ≠ content (contente)
de mauvaise humeur ≠ de bonne humeur
indiscipliné(e) ≠ discipliné(e)

2 Les droits

Lisez les vignettes 1 à 4. Associez chaque droit à une vignette.

a le droit à la propriété

b le droit à l'éducation

c le droit à la liberté, l'égalité, la fraternité

d les mêmes droits pour tous

3 Spécial Paris

Lisez la vignette 5. L'auteur a inventé un nouvel article pour Paris (75 est le numéro du département de Paris). Répondez aux questions.

a Quel est le droit de l'article 75 ?

b Quel est l'opposé de :

1 bonne humeur ?

2 content ?

3 discipliné ?

4 calme, zen ?

c Si vous êtes allé(e) à Paris, êtes-vous d'accord avec cette description du Parisien ?

4 Tout le monde...

Lisez la B.D. Classez *tous, toute, tout, toutes, chaque, quelques*.

Singulier : ___

Pluriel : ___

> **Culture/Savoir ❘**
> Le 10 décembre 1948, 58 états ont signé la Déclaration universelle des droits de l'Homme à Paris. Elle contient 30 articles.

> **Grammaire** → p. 125
>
> **Les adjectifs indéfinis : *tout, toute, tous, toutes, chaque, quelques***
>
> *Tout* le monde a le droit d'être parisien.
> *Toute* personne a droit à l'éducation.
> *Tous* les êtres humains naissent libres.
> *Toutes* les personnes ont les mêmes droits.
> *Chaque* personne a droit à la propriété.
> *Quelques* droits de l'Homme.
>
> ▷ Activités 6 et 7 p. 85

5 Tout

Complétez les phrases avec *tout, toute, tous* ou *toutes*.

a ___ les femmes ont le droit de disposer de leur corps.

b ___ les Hommes naissent libres et égaux en droits.

c ___ la France connaît la Déclaration des droits de l'Homme.

d ___ le monde peut vivre où il veut.

> **Phonétique** 🎧 53 → p. 121
>
> **Le son [j]**
> Le son [j] s'écrit :
> *i* + voyelle   *éducation* [edykasjɔ̃]
> voyelle + *y* + voyelle   *citoyen* [sitwajɛ̃]
> *il* ou *ill*   *le travail* [lətʀavaj]
>   *travailler* [tʀavaje]

6 [j]

Trouvez cinq mots où on entend [j] : deux mots écrits *-ion*, un mot écrit *-ay*, deux mots écrits *-il* ou *-ill*. Dictez ces mots à un camarade.

❘ Communication ❘

7 Votre B.D.

En groupe.

1 Sur le modèle de la B.D. p. 78, créez une B.D. de quatre ou cinq vignettes sur les droits de l'Homme dans votre ville.

a Vous choisissez trois ou quatre droits de l'Homme.

b Vous choisissez trois ou quatre lieux (monument, salle de spectacle, université, mairie...).

c Vous associez chaque lieu à un droit.

d Pour la dernière vignette, vous inventez un nouveau droit et décrivez les habitants de votre ville.

2 Comparez votre B.D. avec celles des autres groupes.

Leçon 23 | Projet d'urbanisme

1

2

un bateau restaurant

un bateau de croisière

des îles avec des jardins et des chaises longues

des jeux pour enfants (mur d'escalade, piste d'athlétisme...)

Paris, voies sur berges avant juin 2013.

Paris, voies sur berges après juin 2013.

1. Les voies sur berges à Paris

Observez les documents 1 et 2.

1 Dites quels sont les avantages et les inconvénients des deux aménagements.

2 Lequel préférez-vous ? Justifiez votre réponse.

2. Le projet

Écoutez l'interview de Bertrand Delanoë.

1 Relevez les lieux et les objets cités sur le document 2.

2 Dites si c'est vrai ou faux.

a La ville du XXIᵉ siècle doit être une ville à regarder.

b Il y aura beaucoup d'équipements pour les enfants.

c Les nouvelles voies sur berges ouvriront après le 15 juin.

d Des bateaux pourront s'arrêter sur les berges.

e Les voies sur berges ne changeront plus.

3. Qui et quoi ? 🎧54

Écoutez l'interview avec la transcription (p. 154).

1 Vérifiez vos réponses de l'activité 2.

2 Associez les expressions de Bertrand Delanoë à un équivalent.

a en profiter / se régaler

b les gosses / les gamins

c les opportunités

d un endroit

e des plantations

f une évolution permanente

g délirant

1 fou / incroyable

2 un changement constant

3 s'amuser / être heureux

4 un lieu / un espace

5 les possibilités

6 les enfants

7 des fleurs et des plantes

Pour...

→ **Organiser son discours (1)** ▷ Activité 9 p. 85

*C'est un lieu magnifique. **Et puis, surtout**, on a voulu donner le maximum d'espace aux enfants. Il y aura des choses évolutives. **Par exemple**, les plantations. Elles seront plus petites fin juin que trois mois **après**, ou l'année suivante. On verra des bateaux de croisière **ou** des bateaux restaurants. C'est fou **mais** ça va ouvrir.*

Les mots...

De l'urbanisme ▷ Activité 8 p. 85

les voies sur berges
un lieu, un endroit, un espace
des îles, des jardins, des plantations, des chaises longues
une évolution, évoluer, évolutif (évolutive)
un projet, un chantier
un aménagement, aménager
des équipements

Du bien-vivre ▷ Activité 8 p. 85

une ville pas seulement à regarder, une ville à vivre
des opportunités
en profiter, se régaler
délirant(e)

Des enfants

les gosses, les gamins

4. *Mais, ou, et...*

1 Lisez les phrases.

a C'est un peu délirant mais ça va se produire.

b Il y a des choses qui seront évolutives.
  Par exemple, les plantations.

c Bateaux de croisière ou bateaux restaurants.

d C'est un lieu magnifique. Et puis, surtout, on a voulu donner le maximum d'espace aux enfants.

2 Dites dans quelle phrase :

a on donne une deuxième information, plus importante que la première ;

b on donne un exemple ;

c on oppose deux idées ;

d on donne un choix.

> **Grammaire** → p. 130
>
> ### L'opposition / La concession : *mais*
>
> *C'est un endroit pour tout le monde **mais** où les enfants seront rois.*
> *Il y aura des bateaux **mais** tous ne seront pas là dès l'été.*
>
> ▷ Activité 9 p. 83

5. Tous !

Lisez la phrase : « Il y aura des bateaux mais tous ne seront pas là dès l'été 2013. » Répondez.

a Que signifie « tous » ?

b « tous » se prononce [tu] ou [tus] ?

> **Culture/Savoir ▌**
> Bertrand Delanoë : le maire de Paris de 2001 à 2014.
> Anne Hidalgo : la première adjointe de Bertrand Delanoë.

> **Grammaire** → p. 125
>
> ### Le pronom indéfini *tout (tout, toute, tous, toutes)*
>
> **Il remplace un nom.**
> Il peut être sujet ou complément.
> *Tous les bateaux ne seront pas là.*
> → ***Tous** ne seront pas là.*
> *J'aime toutes les voies sur berges.*
> → *Je **les** aime **toutes**.*
> ***Tout** est livré.*
>
> ▷ Activité 10 p. 85

6. J'aime...

Complétez les phrases avec un pronom indéfini.

*Ces plantations, je les aime **toutes**.*

a Sur les voies sur berges de Paris, ___ est possible !

b Les gosses s'amusent, ___ sont contents.

c J'adore ces chaises longues, je les veux ___.

d Ces jardins, je les aime ___.

> **Phonétique** 🎧 55 → p. 120
>
> ### Les sons [ʀ] et [l]
>
> *regarder une ville*
> [ʀ]   [l]
>
> Langue en bas. Langue en haut.
>
> ▷ Activité 11 p. 85

7. [ʀ] ou [l] ? 🎧 55

Écoutez. Dites si vous entendez [ʀ] ou [l].

un projet → J'entends [ʀ].

8. Mon projet

En groupe. Imaginez un projet d'urbanisme pour un endroit de votre ville (une rue, une place...).

1 Dites les avantages de ce projet. À qui est-il destiné ? Quels sont les équipements ? Quand sera-t-il fini ?

2 Sur le modèle du document 2 (p. 80), faites le plan de votre projet.

3 En trois minutes maximum, présentez votre projet à la classe.

Leçon 24 | # Cohabiter

1. Habiter avec quelqu'un

Votre voisin vous propose de partager un appartement. Répondez au questionnaire.

a Acceptez-vous ?
b Vous êtes d'accord pour : ___
c Vous refusez absolument de : ___
d Décrivez ce qu'il sera possible de faire dans la pièce commune.
e Dans votre pays, est-il fréquent que les étudiants partagent des appartements ?

2. L'appartement de Léo 10

Regardez la vidéo sans le son.

1 Relevez les éléments qui nous montrent que c'est un appartement d'étudiant.
Il y a un vélo dans le salon.

2 Dites ce qui vous plaît ou ce qui ne vous plaît pas dans cet appartement.

3. Les mimiques

1 Regardez ce plan rapproché. Observez les expressions de Juliette, Hugo et Léo et dites quels sentiments ils expriment.

2 Qui pense quoi ? Associez une phrase à chaque personnage.

1 « Je suis bien ici. »
2 « Je ne sais pas. »
3 « C'est nul. »

3 Observez cette mimique de Juliette. Qu'est-ce qu'elle signifie ? Choisissez.

a Je suis triste.
b Je suis énervée.
c Je suis fatiguée.

4. Les gestes parlent

Regardez le geste que fait Hugo. Qu'est-ce qu'il signifie ? Choisissez.

a C'est comme-ci comme-ça.
b C'est très bien.
c C'est ridicule.

> **MOTS-PHRASES**
>
> ***Peut-être.*** = *On verra. Je ne suis pas sûr(e).*
> ***Ouais.*** = Mot familier qui signifie « oui ».
> ***Cool.*** = Mot familier pour *excellent, sympathique.*

5. Les garçons 10

Regardez la vidéo avec le son. Répondez aux questions.

a Comment interprétez-vous l'attitude d'Hugo ?
b Pensez-vous que Léo a compris que Juliette ne prendra pas la chambre ? Justifiez votre réponse.

Sur l'eau

6. Votre logement

Décrivez votre logement.

a Qu'est-ce que vous aimez dans votre logement ?
Qu'est-ce que vous n'aimez pas ?

b Qu'est-ce qu'il y a tout près de chez vous ?

c Aimeriez-vous habiter un autre type de
logement ? Dites pourquoi.

> **Culture/Savoir** ▌
> Il y a à peu près 1 500 péniches sur les berges françaises.
> Une péniche coûte entre 50 000 et 1 500 000 euros.

7. Vivre au bord de l'eau totem 11

À deux. Regardez la vidéo sans le son.

1 Dites si c'est vrai ou faux.

a C'est une maison avec une terrasse.

b Il y a trois pièces.

c La salle de bains est dans la chambre.

**2 Relevez un objet noir, un objet blanc
et deux objets en couleur.**

3 Décrivez la terrasse.

Il y a un vélo...

de **chez vous**

8. Chez Franck totem 11

Regardez la vidéo avec le son.

1 Relevez :

a la profession de Franck Boclet ;

b le nom de la péniche.

**2 À votre avis, où est Franck Boclet
sur sa péniche quand il fait beau ?
Quand il pleut ?**

**3 Aimeriez-vous vivre sur une péniche ?
Dites pourquoi.**

9. Sur la Seine

**Vous avez acheté cette péniche et vous allez
vous y installer. Combien de chambres
ferez-vous ? Quels meubles allez-vous y
mettre ? Avec quoi allez-vous la décorer ?**

IMMORIGINAL | Annonces | Actualité | Investir |

692 228 annonces immobilières

**Paris 15ᵉ,
Bir Hakeim
RER,
près du métro,
des bus**

1 150 000 €

**Péniche
5 pièces
180 m²**

Proche de la tour Eiffel, péniche de 180 m² sur deux
niveaux, avec une terrasse de 60 m², un séjour avec
cheminée, une cuisine, 3 pièces (possibilité 4) et 2 salles
de bains. Style moderne, très lumineux. Idéal quand
on a le goût de la liberté et de l'espace. Ce bateau-
logement est un mode d'habitation très original qui
permet d'être en centre-ville et comme en vacances,
loin du bruit et de l'agitation. Proche écoles. Possibilité
de parking devant.

Entraînement

∎ Leçon 21
---

1 Pas de répétitions

Utilisez *où* pour corriger l'e-mail de Michel.

Exemple : J'ai une chambre à louer. C'est une belle chambre **où** *il y a deux fenêtres.*

De : mlewis@hotmail.com
À : Christine François, Marie Couturier, Jean-Michel Durand
Objet : Chambre à louer

Bonjour,

J'ai une chambre à louer. C'est une belle chambre.
Dans cette chambre, il y a deux fenêtres. Dans cette chambre, on peut mettre un grand lit et une table.
Dans cette chambre, il y a beaucoup de soleil le matin.
Dans cette chambre, il y a des placards. Donc pas besoin de mettre une armoire.
À bientôt,

Michel

2 Enquête

Répondez personnellement aux questions. Utilisez le pronom *y*.

Exemple : Depuis quand habitez-vous dans votre appartement ?

→ *J'y habite depuis cinq ans.*

a Qu'avez-vous dans votre chambre ?

b Qu'aimeriez-vous installer dans votre appartement ?

c Qu'est-ce que vous faites dans votre salon ?

d Qu'est-ce que vous faites dans la cuisine ?

e Mangez-vous dans la cuisine ?

3 Une belle publicité

Complétez le texte de la publicité avec *où* et *y*.

C'est un endroit ___ on vit bien.
Une ville ___ la nature a sa place. On ___ va pour s'amuser et visiter des endroits magnifiques.
C'est un lieu ___ vous retournerez souvent. Quand vous ___ êtes allé une fois, vous ___ retournez.
Cette ville, c'est (*nom de votre ville*) ___.

4 Le son [R]

Écoutez et répétez.

a Les verres.

b Les verres sur les étagères.

c Les verres et les couverts sur les étagères.

d Les verres, les couverts et toutes les affaires sur les étagères.

e Les verres, les couverts, toutes les affaires et les livres sur les étagères.

f Je cherche un colocataire car mon appartement est trop grand.

∎ Leçon 22
---

5 Humeurs...

1 Donnez le contraire de ces mots :

a calme

b de mauvaise humeur

c content

d indiscipliné

2 Complétez les phrases avec ces contraires.

a Tu es souriante aujourd'hui ; tu es ___ !

b Il n'est jamais content. C'est vraiment un ___ !

c Les militaires ont la réputation d'être ___.

d Elle n'a jamais le temps. Elle est toujours ___ !

6 Quelques droits

Associez les questions et les réponses.

a Chaque être humain a droit à un logement ?
b Tu as lu tous les articles de la Déclaration ?
c Toute personne a droit à l'éducation ?
d Tous les Hommes sont égaux ?

1 Oui, tous les enfants doivent aller à l'école.
2 Non, seulement quelques articles.
3 Oui, chaque personne doit être bien logée.
4 Oui, tout le monde, sans distinctions !

7 Encore des droits !

Conjuguez les verbes entre parenthèses au présent de l'indicatif.

a Tous les Hommes (naître) libres et égaux en droits.
b Chacun (avoir) droit à la culture.
c Tout le monde (pouvoir) circuler librement.
d Quelques pays (ne pas respecter) les droits de l'Homme.
e Tout Homme (être) libre de choisir sa religion.
f Chaque personne (devoir) respecter les autres.

───────── ❘ Leçon 23 ─────────────

8 Des verbes aux noms

Complétez le tableau.

Verbes	Noms
planter	des plantations
──	un profit
jardiner	──
──	un régal
aménager	──
──	une évolution

9 Jardins

Complétez les phrases avec : *mais ; ou ; par exemple ; et puis, surtout*.

Ce projet de jardins sur la Seine est magnifique. Il y aura des plantations ── des jeux pour les enfants. ── , des toboggans et des balançoires. On pourra s'y promener à pied ── à vélo ── pas en voiture.

10 Projet

Faites une seule phrase. Utilisez le pronom *tous* ou *toutes*. (Attention : sujet ou complément ?)
Exemple : Il y a des plantations. J'adore toutes ces plantations.
→ *Il y a des plantations et je* **les** *adore* **toutes**.

a J'ai visité tous les jardins. Tous les jardins sont magnifiques.
b Les travaux ont commencé. Tous les travaux finiront fin juillet.
c On pourra se promener sur les îles. Toutes les îles auront des jardins.
d Il y aura des bateaux restaurants et des bateaux de croisière. J'aime tous les bateaux.
e Les enfants aimeront ce projet. Tous les enfants pourront se régaler.
f On aménage deux voies sur berges. On n'aménage pas toutes les voies sur berges.

11 Les sons [R] et [l]

Écoutez. Répétez de plus en plus vite.

a par – pale
b arrêt – allait
c rat – la
d Juliette se régale sur les chaises longues des jardins.
e Elle adore les berges et les plantations.
f Elle en profite pour lire un livre sur une chaise longue.
g Elle parle, elle rit ; elle rit, elle parle !

Action !

Nous faisons une affiche pour montrer la qualité de vie dans notre ville.

Pour cela, nous allons :

▷ **Chercher des informations sur :**
  – les espaces publics : les parcs, les monuments, les rues piétonnes,
    les transports publics, les pistes cyclables... ;
  – les activités culturelles ;
  – les rues commerçantes ;
  – les festivals...

▷ **Sélectionner les informations les plus importantes pour intéresser un étranger qui ne connaît pas notre ville.**

▷ **Organiser les informations par thème (la vie quotidienne, le commerce, la culture...).**

▷ **Écrire un paragraphe pour chaque thème retenu et choisir un titre.**

▷ **Choisir une mise en page pour l'affiche.**
  Exemple : mettre une grande photo au centre et disposer les différents paragraphes autour de la photo.

▷ **Trouver un slogan.**

▷ **Exposer notre affiche dans la classe et choisir la plus convaincante.**

Votre avis nous intéresse :	+	++	+++
Recueil et organisation des informations	❏	❏	❏
Rédaction des textes d'accompagnement	❏	❏	❏
Mise en page de l'affiche	❏	❏	❏

Préparation au DELF A2

I. Compréhension de l'oral

Vous écoutez ce message sur votre répondeur. Répondez aux questions.
(Choisissez la bonne réponse ou écrivez l'information demandée.)

1. Qui est Catherine Delgrange ?

....

....

2. Que devez-vous faire lundi prochain ?
  a ☐ Passer un entretien d'embauche.
  b ☐ Rencontrer Catherine Delgrange.
  c ☐ Suivre une formation à Pôle emploi.

3. Quel conseil Catherine Delgrange vous donne-t-elle pour ne pas arriver en retard lundi ?

....

....

4. Quels documents devez-vous apporter lundi ?
(2 réponses attendues)

  a ....

  b ....

5. Lundi, il faut que...
  a ☐ vous écriviez à Pôle emploi.
  b ☐ vous éteigniez votre portable.
  c ☐ vous apportiez votre ordinateur.

6. Que vous demande de faire Catherine Delgrange en fin de journée ?

....

....

II. Compréhension des écrits

Vous lisez cet article dans un magazine. Répondez aux questions.
(Choisissez la bonne réponse ou écrivez l'information demandée.)

> **Pourquoi choisit-on de vivre en colocation ?**
>
> La première raison est, bien évidemment, économique, car la colocation permet de diviser le prix du loyer. La location partagée d'un appartement est souvent beaucoup moins chère que la location d'un studio. Ces économies sur le loyer permettent aux étudiants de pouvoir vivre en centre-ville ou proche de leur campus et ainsi de profiter pleinement de leur vie étudiante. Pour une colocation à Paris, par exemple, un appartement avec 3 chambres se loue en moyenne 1200 euros par mois dans la proche banlieue ou 1800 euros par mois dans Paris intra-muros alors qu'un petit studio se louera plus de 700 euros. Les logements en colocation sont également plus grands car tous les locataires peuvent avoir des espaces en commun comme la cuisine, un salon et généralement une salle de bains bien plus grande que celles des studios. Quand on arrive dans une nouvelle ville, la colocation entre étudiants est aussi un très bon moyen pour faire connaissance et pour s'intégrer à la vie locale.
> Pour conclure, vivre en colocation offre beaucoup d'avantages à condition de bien choisir les personnes avec qui on partage le logement.
>
> D'après http://www.avendrealouer.fr/

1. Pourquoi cet article dit-il que la colocation permet de faire des économies ?

....

2. Vrai ou faux ? Choisissez la bonne réponse et recopiez la phrase ou la partie du texte qui justifie votre réponse.

                                                                V   **F**

Il est moins cher de louer un studio plutôt que de partager un grand appartement.   ☐   ☐   87

Justification : ....

3. D'après cet article, de quels avantages peuvent bénéficier les étudiants grâce aux économies faites sur le loyer ? (2 réponses attendues)

a ....

b ....

4. Quel est le prix moyen d'une location de studio à Paris ?

a ☐ 700 € en moyenne. b ☐ 1 200 €. c ☐ 1 800 €.

5. D'après l'article, quelle pièce sera plus grande dans un logement en colocation que dans un studio ?

☐ a   ☐ b   ☐ c

6. Vrai ou faux ? Choisissez la bonne réponse et recopiez la phrase ou la partie du texte qui justifie votre réponse.

	V	F
Il n'est pas important de choisir ses colocataires pour vivre une bonne colocation.	☐	☐

Justification : ....

III. Production écrite

▷ **Écrire un message court**

Vous avez visité un appartement et vous pensez le louer prochainement. Vous aimeriez que votre ami français le partage avec vous. Vous lui écrivez un e-mail pour lui dire et vous décrivez cet appartement (60-80 mots).

De : ....

Objet : ....

....
....
....
....
....
....
....
....
....

IV. Production orale
---

1. Pensez-vous qu'il y a aujourd'hui des inégalités hommes / femmes ? Est-ce la même chose dans tous les pays ? Donnez votre opinion et exprimez quelques souhaits.

2. À deux. Vous discutez avec un(e) ami(e) français(e) pour l'aider à préparer son entretien d'embauche. Vous lui expliquez ce qu'il faut qu'il (elle) fasse.

rond

un truc

un paquet-cadeau

basique

design

innover

un ordi _√2 dL

super

unique

une promo

Consommer

▷ **Nous créons une publicité écrite**

▶ Simon visite le magasin
où Louise travaille.

Pour cela, nous allons savoir comment :
- poser des questions sur un objet
- désigner un objet
- dire la matière
- comprendre une publicité écrite
- comprendre une publicité orale
- vanter les qualités d'un objet

Faits et gestes/Culture :
▷ La surprise
▷ Biennale

Leçon 25 | C'est pas possible !

1. Chez « Cuisine plus » 12

Regardez la vidéo sans le son.

1 Dites où se passe la scène.

2 Qui a quel rôle ? Associez.

a le patron
b le client
c la vendeuse

3 Qui est comment ? Observez.

a souriant(e)   d amusé(e)
b pas content(e)   e professionnel(le)
c ironique   f poli(e)

2. Un joli magasin 12

Regardez la vidéo sans le son. Choisissez les bonnes réponses.

Dans le magasin, il y a :

a de la vaisselle.
b des couverts.
c des accessoires de cuisine.
d des objets de décoration.
e de l'électroménager.

3. Discrètement 12

Regardez la vidéo avec le son. Dites quelles phrases Louise prononce à voix basse. Pourquoi ?

a C'est pas possible.
b Quel genre de cadeau ?
c Suivez-moi.
d Maman ne fait jamais la cuisine.

4. Pour la cuisine 12

1 Regardez la vidéo avec le son. Complétez ce que dit Louise de chaque objet.

Très design, ___	Il fait des jus de fruits ___	Électronique, ___	Simple ___

2 Lisez la transcription (p. 155) et vérifiez vos réponses.

Pour...

→ **Poser des questions sur un objet**

Quel genre de cadeau ?
Lequel est le moins cher ?

→ **Désigner un objet**

Celui-ci fait des jus de fruits.
Celle-là est pratique.

→ **Dire la matière** ▷ Activité 3 p. 98

Il est en métal, *en* plastique,
en verre.

Les mots... ▷ Activité 3 p. 98

Des accessoires de cuisine

un robot ménager
un appareil
un modèle (de luxe / simple / basique)
un presse-agrumes

De la caractérisation d'un objet

sympa / original(e)

5. En situation

1 Lisez l'extrait. Par quoi sont remplacés « quel appareil » et « lequel » ?

Question 1 : Quel appareil fait des jus de fruits ?

Réponse 1 : Celui-ci. Il est électrique.

Réponse 2 : Celui-là. C'est un modèle de luxe.

Question 2 : Lequel est le moins cher ?

Réponse 3 : Celui-ci. Il est à douze euros.

2 Lisez la transcription (p. 155) et relevez un échange identique.

Grammaire → p. 126

Le pronom interrogatif *lequel*

Il remplace un nom et s'accorde en genre et en nombre.

	Singulier	Pluriel
Masculin	*lequel*	*lesquel**s***
Féminin	*laquelle*	*lesquelle**s***

***Lequel* est le moins cher ?**

▷ Activités 1 et 2 p. 98

Grammaire → p. 126

Les pronoms démonstratifs

Ils remplacent un nom et évitent la répétition de ce nom.

	Singulier	Pluriel
Masculin	*celui-ci / -là*	*ceux-ci / -là*
Féminin	*celle-ci / -là*	*celles-ci / -là*

Quel appareil fait des jus de fruits ? ***Celui-ci***.

▷ Activité 3 p. 98

6. Un client pas facile

Complétez avec un pronom interrogatif.

VENDEUSE : Voici tous nos modèles. ___ préférez-vous ?

CLIENT : Je ne sais pas.

VENDEUSE : Nous avons aussi beaucoup de couleurs. ___ aimez-vous ?

CLIENT : Je ne sais pas.

VENDEUSE : Nous avons des modèles simples et des modèles électroniques. ___ vous intéressent ?

CLIENT : Les modèles électroniques.

Phonétique 🎧 59 → p. 119

Les nasales

cinq	onze	quarante
un robot	bonjour	en métal
[ɛ̃] ([ɛ̃], [œ̃])	[ɔ̃]	[ɑ̃]

▷ Activité 4 p. 98

7. Hein ? Bon ! 🎧 59

Écoutez et répétez.

Culture/Savoir ▮

Dans la langue familière, le mot *truc* s'utilise pour désigner une chose sans la nommer.

« Je cherche un truc sympa pour ma femme. »

Communication

8. Test sur la consommation

En groupe.

1 Continuez ce questionnaire sur la consommation.

2 Échangez vos questionnaires et répondez.

- Quel est votre budget pour les achats de la maison ?
- Quelle marque préférez-vous pour la décoration ?
- On vous propose trois couleurs pour un canapé : rouge, blanc, noir. Laquelle choisissez-vous ?

design / actuel(le)
pratique
électrique / électronique / programmable
électroménager

Des formes

rond(e)   carré(e)

Leçon 26 | **Pub magazine**

Samsung GALAXY S4
Mon smartphone, ma vie

NOUVEAU SAMSUNG GALAXY S4
UN APPAREIL PHOTO UNIQUE AU MONDE

Doté d'un appareil photo de 13 mégapixels, le Samsung Galaxy S4 innove grâce à sa fonctionnalité **Dual Camera**™.

Avec son double objectif, il met en images les moments forts de votre vie en y intégrant également le photographe. Il offre même le son à vos souvenirs en enregistrant les voix qui accompagnent vos prises de vue. Enfin, la fonction **Drama Shot**™ recompose les images d'un mouvement sur une seule photo.

1

NOUVEAU SAMSUNG GALAXY S4
VOTRE TRADUCTEUR INTÉGRÉ S TRANSLATOR

Le Samsung Galaxy S4 traduit instantanément du texte ou de la voix en plusieurs langues.

La fonctionnalité **S Translator** traduit aussi bien vos e-mails, vos sms ou des messages ChatON. Il peut également répéter dans une autre langue ce que vous dites. La traduction peut se faire de l'oral vers l'écrit et vice-versa.

Avec le Galaxy S4, oubliez les barrières de la langue.

2

1. La photo

Observez le document 1.

1 Quels sentiments donne la photo ? Choisissez et justifiez votre choix.

a la joie   d la peur
b la tristesse   e la surprise
c la passion   f la liberté

2 Dites à quoi fait penser le slogan « Mon smartphone, ma vie ».

2. Le texte

Lisez le texte du document 1.

1 Le texte parle de quelle fonction du smartphone ? Choisissez.

a le téléphone
b l'appareil photo
c Internet

2 Relevez les quatre qualités du smartphone.

3 Comment le Galaxy S4 « offre le son à vos souvenirs » ?

4 Comment est-ce qu'il « met en image les moments forts de votre vie » ?

Pour...

→ Vanter les qualités d'un objet (1)

*Un appareil photo **unique au monde**.*
***Doté d'**un appareil photo, le Galaxy S4 **innove grâce à** sa fonctionnalité Dual Camera.*
*Il **offre (même)** le son.*
*Il **peut** répéter.*
***Mon** smartphone, **ma** vie, **votre** traducteur.*
*Il traduit **aussi bien** vos e-mails, vos SMS ou des messages.*

Les mots...

Du smartphone ▷ Activité 5 p. 98

l'image : un appareil photo, un objectif, une photo (une prise de vue), des mégapixels
l'écrit : le texte, un SMS, un MMS
le son : la voix, enregistrer, l'oral
la fonction (= la fonctionnalité) : une application, un traducteur intégré

Grammaire → p. 126

Le gérondif

Le gérondif exprime la manière (*Comment ?*).
Le Galaxy S4 offre le son à vos souvenirs
en enregistrant les voix.

Formation : *en* + **base du verbe** (1ʳᵉ personne du pluriel du présent) + *-ant*.
nous **enregistr**ons → **enregistr**ant → *en* **enregistr**ant

❶ **Le pronom complément** se place après *en*.
En y intégrant *le photographe.*

▷ Activités 5 et 6 p. 98

3. Une autre fonction

**1 Lisez le texte du document 2.
De quelle autre fonction parle le texte ?**

2 Dites si c'est vrai ou faux.

a Le smartphone traduit de l'oral vers l'oral.

b Il traduit de l'écrit vers l'écrit.

c Il traduit de l'oral vers l'écrit.

d Il traduit de l'écrit vers l'oral.

4. Des mots

1 Lisez les deux textes. Relevez :

a le lexique technique ;

b les expressions qui vantent le Galaxy S4.

**2 Quelle est la différence entre *traduire,
traducteur* et *traduction* ?**

Grammaire → p. 122

La nominalisation

À partir d'un verbe, on peut former des noms avec les suffixes :

– ***-teur*** / ***-trice*** = la personne ou l'objet qui fait l'action ;

– ***-tion, -age, -ment*** = l'action.

traduire → *un traduc**teur**, une traduc**trice***
(personne ou objet qui traduit), *une traduc**tion***
(action de traduire)

partager → *un part**age*** (action de partager)

classer → *un classe**ment*** (action de classer)

Les noms qui finissent par *-teur, -age, -ment* sont masculins.

Les noms qui finissent par *-trice, -tion* sont féminins.

▷ Activité 7 p. 99

5. Du verbe au nom

**Trouvez les noms correspondant aux verbes.
Indiquez s'ils sont féminins ou masculins.**

répéter → *une répétition*

innover – enregistrer – laver – accompagner – animer – corriger – passer – changer – équiper

Phonétique 60

La dénasalisation

[ɔ̃] / [ɔn] – [ɔm]   [ɑ̃] / [an] – [am]
le son / électronique   *maman / anniversaire*
[ləsɔ̃] / [elɛktʀɔnik]   [mamɑ̃] / [anivɛʀsɛʀ]

[ɛ̃] / [in] – [im]
sympa / image
[sɛ̃pa] / [imaʒ]

▷ Activité 8 p. 99

6. Nasales ? 60

1 Lisez les mots à haute voix.

a un abonnement   e une fonction

b un smartphone   f Ça fonctionne.

c C'est programmable.   g Sympa cette image !

d en programmant

2 Écoutez pour vérifier votre prononciation.

Communication

7. Le smartphone

En groupe.

**1 Classez par ordre d'importance les
fonctions d'un smartphone : *téléphoner,
envoyer des SMS / MMS, prendre des
photos, consulter son agenda, utiliser
l'horloge / le réveil, utiliser le GPS,
envoyer / regarder ses e-mails,
regarder des vidéos, regarder la télé,
aller sur des réseaux sociaux.*
(1 = le plus important ; 10 = le moins
important)**

**2 Créez une troisième publicité pour
le Galaxy S4. Gardez la même photo et
le même slogan, mais inventez un texte
sur une autre fonction du smartphone.**

*Nouveau Samsung Galaxy S4, votre station
météo intégrée S Météo.*

93

Leçon 27 | **Pub radio**

1

1. .fr

Observez le document 1. Relevez :

a le nom du site marchand ;

b les produits vendus ;

c le slogan.

2. La pub

Écoutez la publicité.

1 Dites quel est le nom du produit.

2 Dans quelle rubrique du document 1 se trouve ce produit ?

3 Combien coûte ce produit ? Choisissez :

a 699 €   b 599 €   c 799 €

4 La publicité est pour quelle fête ?

3. Le super prix

La publicité joue sur deux sens du mot *prix*. Quels sont ces deux sens ?

4. Happy-technologie !

Écoutez la publicité avec la transcription (p. 156). Relevez :

a le vocabulaire de l'ordinateur ;

b les expressions positives ;

c un autre mot qui signifie « ordinateur ».

Pour...

→ Vanter les qualités d'un objet (2)

Un **super** prix.
Cet ordinateur est **en plus équipé d'**un processeur Intel.
Retrouvez, **bien sûr**, tous les super prix !

Les mots...

Du multimédia ▷ Activité 9 p. 99

un portable, un ordinateur de bureau
un ultrabook
un écran tactile
un processeur
une imprimante
un scanner

De la promotion

une promo
une réduction
599 € **au lieu de** 699 €
moins 20 %

De : hippolyte@gmail.com
À : antonin@gmail.com
Objet : fête des Mères

Salut Anto,
Pour maman, j'ai pensé à un ordi, un portable. Elle n'en a pas.
Boulanger fait une promo sur l'Asus S500 : moins 25 %.
Ça fait 595 € au lieu de 700. Tu as un Asus, non ? Qu'est-ce
que tu en penses ? J'en achète un et on partage ? Dis-moi
vite, la fête des Mères, c'est dimanche prochain !
À +,
Hippo

2

Grammaire → p. 125

Le pronom *en*

– Le pronom *en* remplace *un(e), du, de la, de(s)* + nom.
*J'achète <u>un ordinateur</u>. → J'**en** achète un.*
*Tu as <u>des enfants</u> ? → Oui, j'**en** ai deux. / Non, je n'**en** ai pas.*
– Il s'utilise avec des verbes qui se construisent avec *de*.
*La marque Asus, qu'est-ce que tu **en** penses ?*
(Qu'est-ce que tu penses <u>de la marque Asus</u> ?)
– Comme les autres pronoms, *en* se place **avant** le verbe.
*Le nouvel ordi d'Asus, ils **en** parlent à la radio.*

▶ **Activité 11 p. 99**

5. Promotion

1 **Lisez le document 2. Hippolyte a fait une erreur sur le pourcentage de la réduction (la promotion) : quel est le pourcentage correct ?**

2 **Relevez les noms « coupés ».**

ordi → ordinateur

Grammaire → p. 123

La troncation (la réduction des mots)

Beaucoup de mots peuvent être coupés.
– Le plus souvent, on coupe la fin du mot :
*une promo**tion** → **une promo***
– Parfois, on coupe le début du mot :
*un <u>auto</u>bus → **un bus***
– On peut faire la même chose avec certains prénoms :
*Anto<u>nin</u> → **Anto***

▶ **Activité 10 p. 99**

6. *En*

1 **Lisez le document 2. Dans les phrases suivantes, « en » remplace le même nom. Dites lequel.**

Elle n'en a pas. Qu'est-ce que tu en penses ?
J'en achète un.

2 **Réécrivez chaque phrase en remplaçant « en » par ce nom.**

7. Vous en avez ?

Répondez aux questions comme dans l'exemple.

Vous avez un portable ?
→ Oui, j'en ai un. / Non, je n'en ai pas.

a Vous avez un presse-agrumes ?
b Vous avez un smartphone ?
c Vous avez une télé ?
d Vous avez une voiture ?
e Vous avez des appareils électriques ?

Phonétique – RAPPEL 62

Le mot phonétique

On prononce le mot phonétique comme un seul mot.
On ne coupe pas la voix.
Da da daa. → J'en_ai_un. → [ʒãneɛ̃]

▶ **Activité 12 p. 99**

8. J'en ai un ! 62

Écoutez et répétez. Prononcez comme un seul mot.

a Tu en as un.
b Vous en avez un.
c Je n'en ai pas.
d J'en ai pas*.

e Tu n'en as pas.
f T'en as pas*.
g Vous n'en avez pas.
h Vous en avez pas*.

* forme orale

Communication

9. Pub radio

En groupe. Vous créez une nouvelle pub radio pour l'Asus S500.

1 **Choisissez une ou deux caractéristiques de l'Asus que vous voulez vanter (son pur, écran tactile, léger et mobile, design...).**

2 **Choisissez une fête.**
3 **Écrivez votre pub.**
4 **Enregistrez votre pub.**
5 **Faites écouter votre pub à la classe.**

La surprise

1. Les émotions

Êtes-vous sensible aux émotions ?
Faites le test.

❶ On vous fait une surprise. Vous êtes :
- ○ a heureux (heureuse).
- ○ b calme.
- ○ c stressé(e).
- ○ d paniqué(e).

❷ La situation est très gênante.
Vous êtes capable de vous contrôler.
- ○ a Oui.
- ○ b Non.

❸ Dans la vie de tous les jours, vos émotions vous gênent.
- ○ a Non.
- ○ b Oui.

Résultats
a = 1, b = 2, c = 3, d = 4
> Vous avez 3 ou 4 : vous restez toujours calme.
> Vous avez 5 ou 6 : vous êtes sensible.
> Vous avez 7 ou 8 : vous êtes très sensible.

2. Mimiques **totem** 12

Regardez la vidéo avec le son.
Qu'est-ce qu'ils pensent ?
Associez chaque phrase à une mimique.

- a C'est incroyable.
- b J'hésite.
- c Il m'énerve.
- d Je ne sais pas.

3. Les gestes **totem** 12

Regardez la vidéo avec le son.
Observez Louise et Simon.
Que signifient leurs gestes ? Choisissez.

- a Génial, j'adore.
- b Non merci (je n'aime pas ça).
- c Super !

- a C'est parfait.
- b Je suis contente de moi.
- c C'était difficile (« ras-le-bol »).

4. Sans les mots

Réagissez avec des gestes.
- a Il pleut depuis une semaine.
- b On vous propose d'acheter un portable des années 90.
- c Vous avez recommencé le même travail plusieurs fois.

> **MOT-PHRASE !**
> *Ouf !* = Pas facile, mais j'ai réussi.

5. À la place de Louise

Mettez-vous à la place de Louise. Votre père vous fait la même surprise. Quelle est votre réaction ? Qu'est-ce que vous faites ?

Biennale

6. Le design

1 En groupe. Lisez la citation et répondez aux questions. « Le design, c'est l'art de fabriquer des objets pour la vie de tous les jours. »

a Que pensez-vous du design ?

b Un designer est-il un artiste ? Justifiez votre réponse.

c Pour quels types d'objets le design est-il important ?

d Avez-vous des objets design ? Si oui, lesquels ?

2 Trouvez trois adjectifs pour qualifier le design d'aujourd'hui.

Saint-Étienne [sɛ̃tetjɛn]

(180 438 habitants, 14e ville de France) se trouve dans le département de la Loire et la région Rhône-Alpes. Ses habitants s'appellent des Stéphanois.

Saint-Étienne est connue pour son passé industriel, ses mines (aujourd'hui fermées) et son équipe de foot. C'est aussi à Saint-Étienne qu'est née, en 1887, la première société française de vente par correspondance *Manufrance*.

Ville de création et d'innovation, depuis toujours en relation avec la modernité industrielle, Saint-Étienne a su associer le design à la vie quotidienne. C'est pourquoi, en 2010, Saint-Étienne est devenue la première ville UNESCO du design en France.

7. Les créations 13

À deux. Regardez la vidéo sans le son.

1 Notez les objets que vous voyez.

2 Comparez vos notes.

8. L'exposition

Regardez la vidéo avec le son.

1 Dites si c'est vrai ou faux.

a L'exposition se trouve dans une ancienne mine.

b L'exposition s'appelle « Nous allons rire ».

c Il y a 90 objets exposés.

d Le thème de l'exposition est l'amour.

2 Notez les objets que vous avez aimés.

3 Choisissez celui que vous voulez acheter.

4 Dites ce que vous pensez du lieu de l'exposition.

> **Culture/Savoir** ▪
> Le Corbusier (1887-1965) est un architecte, décorateur, peintre, sculpteur né en Suisse et naturalisé français. C'est l'un des principaux représentants du Mouvement moderne.

9. Biennale Internationale Design Saint-Étienne

Quelle phrase résume le mieux le commentaire que Max a posté sur la page Facebook de la Biennale ? Choisissez.

a C'était intéressant, mais c'est toujours la même chose.

b J'ai passé un moment extraordinaire.

c Je n'ai pas aimé l'exposition.

 Max M. a posté un commentaire

Le design peut-il changer la vie ?
J'ai visité l'expo et j'ai été surpris par l'originalité, l'innovation et la créativité.
C'est incroyable que cette ancienne cité minière et métallurgique devienne un lieu de création d'objets design. Quelle ironie !
Et quelle émotion !
J'ai vraiment appris beaucoup de choses.
Ça m'a passionné. Merci à la Biennale !!

J'aime · Commenter · Partager

 Écrire un commentaire...

Entraînement

Leçon 25

1 Marie, Charlotte et les smartphones

Complétez le dialogue avec *quel* ou *lequel*.

MARIE :   Il y a plein de smartphones !
CHARLOTTE : *Lequel* choisir ?
MARIE :   Il y a beaucoup de modèles.
CHARLOTTE : ___ veux-tu ?
MARIE :   ___ modèle est le plus intéressant ?
CHARLOTTE : Ils sont tous intéressants.
MARIE :   Oui, mais ___ est le plus design ?
CHARLOTTE : ___ est le prix de celui-ci ?
MARIE :   560 euros ! C'est trop. ___ est le moins cher ?
CHARLOTTE : Celui-là. ___ est sa marque ?
MARIE :   C'est une marque inconnue. Bon, ___ est-ce que je vais prendre ?...

2 Questions à ne pas poser

Trouvez deux questions à ne pas poser à :
– un professeur ;
– une femme ;
– un homme ;
– un homme / une femme politique.
Pour chaque question, utilisez un adjectif interrogatif ou un pronom interrogatif.
Exemples : à une femme → Quel âge avez-vous ?
Vous avez deux enfants : lequel préférez-vous ?

3 Beaux objets

1 Écrivez un texte de présentation pour chaque objet.

Exemple :
C'est un modèle basique.
Il est en plastique, de forme carrée. Très pratique, il existe en violet, en rouge et en noir.

12 euros

a 129 euros

c 24 euros

2 Présentez les objets à la classe. Utilisez des pronoms démonstratifs.

4 [Ẽ] ([ɛ̃], [œ̃]), [ɔ̃] et [ɑ̃]

Écoutez et répétez.
a Pin-pon, pin-pon, pin-pon.
b Pin-pon-pin, pin-pon-pin, pin-pon-pin.
c Un genre de ballon rond.
d C'est simple et sympa.
e Un pantalon en coton.

Leçon 26

5 Le Galaxy S4

Transformez les phrases avec le gérondif.
Exemple : Le Galaxy S4 innove : il propose une fonctionnalité Dual Camera.
→ Le Galaxy S4 innove en proposant une fonctionnalité Dual Camera.
a Il offre le son à vos souvenirs : il enregistre les voix.
b Son double objectif innove : il intègre le photographe à la photo.
c Il vous étonnera : il fait des photos extraordinaires !

6 Comment on peut... ?

Complétez librement les phrases en utilisant le gérondif.
Exemple : On peut progresser en français...
→ en regardant des films français en VO.
a On peut prendre des photos...
b On peut acheter un objet design pas trop cher...
c On peut aller dans un pays étranger lointain...
d On peut rencontrer de nouveaux amis...
e On peut connaître la France...

7 Du nom au verbe

Trouvez les verbes correspondant aux noms.

Exemple : une application → appliquer.

une fonction – une création – un classement –
une utilisation – un chauffage – une indication –
une limitation – un abonnement – un massage –
un paiement

8 Nationalités

Écoutez. Dites si vous entendez le masculin ou le féminin.

Exemple : coréenne
→ J'entends le féminin.

───────── ▮ **Leçon 27** ─────────

9 High-tech

Associez chaque objet au nom correspondant.

un portable (X2) – un écran tactile –
une imprimante – un processeur –
un ordinateur de bureau

a

b

c

d

e

f

10 On coupe !

Simplifiez les noms en les coupant.

Exemple : une motocyclette → une moto.

le cinéma – la télévision – un autocar –
un stylographe – la publicité – une information –
la faculté – un adolescent – la gymnastique –
une photographie – un kilogramme –
un vélocipède

11 Qu'est-ce que c'est ?

Trouvez de quoi on parle. Transformez la phrase comme dans l'exemple.

Exemple : J'en bois au petit déjeuner.
→ Je bois du thé au petit déjeuner.

a J'en ai un dans ma chambre.
b Elle en a quatre.
c Qu'est-ce que vous en pensez ?
d Le gouvernement en parle souvent.
e Tu en veux ?

12 Tu en as ?

1 Écoutez. Dites dans quel ordre vous entendez les six phrases.

a J'en ai un.
b Je n'en ai pas. → *1*
c Tu en as un.
d Tu n'en as pas.
e On en a un.
f On n'en a pas.

2 Répétez les phrases.

Action !

Nous créons une publicité écrite.

Pour cela, nous allons :

- ▷ Rassembler des objets dans la classe.
- ▷ Regrouper les objets par catégories.
- ▷ À deux, choisir un objet.
- ▷ Poser des questions sur l'objet à son (sa) propriétaire.
- ▷ Caractériser l'objet.
- ▷ Vanter ses qualités.
- ▷ Trouver un slogan.
- ▷ Imaginer une illustration.
- ▷ Afficher nos pubs dans la classe.
- ▷ Choisir la plus efficace.

Votre avis nous intéresse :

	+	++	+++
Choix de l'objet	❑	❑	❑
Recueil des informations sur les objets	❑	❑	❑
Création de la publicité	❑	❑	❑

nul
pique-nique
jamais
intello
un fric fou
C'est chouette !
un tract
une marche
revendiquer
la Méditerranée
Marseille

Discuter

▷ **Nous écrivons un tract**

Pour cela, nous allons savoir comment :
- donner notre avis
- comprendre un tract
- revendiquer
- organiser notre discours (2)
- décrire, caractériser, situer

▶ Les familles Le Tallec et Bonomi font un pique-nique.

Faits et gestes/Culture :
- ▷ Réactions
- ▷ Le MuCEM

Leçon 29 | La culture pour tous

1. Un bel après-midi 14

Regardez la vidéo sans le son. Dites :

a qui vous voyez ;

b où ils sont (relevez des informations sur le lieu) ;

c ce qu'ils apportent.

2. Arrêt sur image 14

**1 Regardez la vidéo sans le son.
De quoi parlent-ils ? Choisissez.**

2 Regardez les photos.

a Lisez le glossaire du cinéma p. 118 et nommez les plans. Dites à quoi ils servent.

b À votre avis, que font Laurent, Simon et Juliette sur les photos 2, 3 et 4 ?

3. Un titre 14

**Regardez la vidéo avec le son.
Choisissez un titre. Justifiez votre choix.**

a « Tranquille pique-nique »

b « Au camping »

c « L'homme qui aimait les musées »

4. À chacun son avis 14

Regardez la vidéo avec le son.

1 Relevez ce qu'ils pensent de la sculpture.

Simon → C'est marrant.

a Laurent → ___

b Juliette → ___

2 Notez les phrases qui expriment le contraire des affirmations suivantes.

Ça intéresse quelqu'un.

*→ Ça **n'**intéresse **personne**.*

a C'est la culture pour certains.

b Je comprends tout.

c Je vais parfois dans les musées.

3 Vérifiez vos réponses avec la transcription (p. 157).

4 Observez les phrases négatives et mettez les éléments dans le bon ordre.

complément (groupe nominal)

personne / rien / jamais   verbe

~~sujet~~   ne / n'

sujet + ___ + ___ + ___ + ___

Pour...

→ Donner son avis

C'est nul ! ≠ C'est chouette !
C'est de l'art, ça ?
Ça surprend.
C'est marrant.
C'est intello.

C'est froid.
C'est sympa.
C'est poétique.
Ça me laisse froid.

Les mots...

De l'art

l'art contemporain
un tableau, une exposition

De l'appréciation

marrant(e) = amusant(e)
poétique
froid(e)
beau (belle) ≠ moche

Familiers ▷ Activités 2 et 3 p. 110

un truc
nul(le) (pas bien, ennuyeux)
le fric (l'argent)
un fric fou (beaucoup d'argent)
Tu rigoles ! (Tu plaisantes !)
le boulot (le travail)
intello (intellectuel)

Grammaire → p. 123

La négation

À propos d'une chose : *ne / n'... rien*
Je **ne** comprends **rien**.

À propos d'une personne : *ne / n'... personne*
Ça **n'**intéresse **personne**.

À propos de la fréquence : *ne / n'... jamais / plus*
Je **ne** vais **jamais** dans les musées.

▷ Activité 1 p. 110

Phonétique 66 → p. 120

Les sons [k] et [g]

un truc
[k]

tu rigoles
[g]

▷ Activité 4 p. 110

5. Comment ils parlent ?

**Lisez la transcription (p. 157).
Relevez les phrases équivalentes.**

Il est amusant cet objet. → *C'est marrant ce truc.*

a L'art contemporain, c'est stupide.

b Ça coûte beaucoup d'argent.

c Tu plaisantes.

d Allez ! Au travail !

e L'art, c'est l'expression de la beauté.

f C'est intéressant.

6. [k] ou [g] ? 66

**Écoutez. Dites si vous entendez [k]
(comme dans *un truc*) ou [g]
(comme dans *tu rigoles*).**

la culture → *J'entends* [k].

7. Pas d'accord

**Marius et Fanny ne sont pas d'accord.
Complétez le dialogue avec *rien*, *plus*,
personne et *jamais*.**

MARIUS : J'aime tous les tableaux de cette exposition.

FANNY : Moi, je n'aime *rien*.

MARIUS : Le seul problème, c'est qu'il y a beaucoup
de personnes.

FANNY : Mais non. Il n'y a ___.

MARIUS : Je reviendrai la semaine prochaine.

FANNY : Moi, je ne reviendrai ___.

MARIUS : Mais moi, je vais souvent dans les musées.

FANNY : Moi, je n'y vais ___.

MARIUS : J'aime tous les arts, moi !

FANNY : Eh bien, moi, je n'aime ___ !

Grammaire → p. 131

Les niveaux de langue

	Niveau courant	Niveau familier
Vocabulaire	Pas de mots spécifiques.	Utilisation de mots familiers.
Grammaire	Les règles de grammaire et de construction de la phrase sont respectées.	– Les règles de grammaire ne sont pas toujours respectées. – Suppression du *ne* (*n'*) de la négation.

▷ Activités 2 et 3 p. 110

Communication

8. Les beaux-arts

1 **Donnez votre avis sur ces
œuvres. Utilisez les registres
courant et familier.**

2 **Vous avez acheté une carte
postale d'un de ces tableaux.
Vous l'envoyez à un ami et
vous lui expliquez pourquoi
vous aimez cette œuvre.**

Gérard François Pascal Simon, baron, *Madame Récamier*

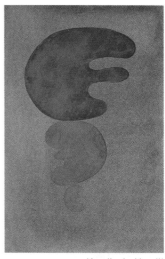

Kandinsky Vassili

Leçon 30 | **Manif...**

Les premières marches de chômeurs face à la crise ont eu lieu en 1933. En 2013, quatre-vingts ans après, nous organisons une marche sur Paris pour alerter l'opinion et mettre les pouvoirs publics face à leurs responsabilités.

1

1. La marche

1 Observez la photo du document 1.
Datez cette photo.
Justifiez votre réponse.

2 Lisez le texte du document 1.
Vérifiez votre réponse à la question 1.

3 Avez-vous déjà participé à une marche, à une manifestation ?
Quand ? Pour ou contre quoi ?

2. Le tract

Regardez le tract de la marche (document 2).

1 Relevez le slogan, les dates, le lieu.

2 Qui appelle à cette marche ?
Comment les contacter ?

3. Nous !

Lisez le tract.

1 Dites quelles sont les personnes concernées.

les chômeurs et les chômeuses, ___

2 Classez ces personnes.

a Travaillent : femmes en emploi précaire, ___

b Ne travaillent pas : les chômeurs, ___

c On ne sait pas : ___

Culture/Savoir |

L'Unédic : association qui gère l'assurance chômage.
CDD : contrat à durée déterminée (durée limitée)
≠ CDI : contrat à durée indéterminée (sans limite).
SUD/Solidaires : syndicat.

10 juin 2013 – 6 juillet 2013
**Nous, chômeurs, chômeuses et précaires,
en marche sur Paris pour nos droits !**

Nous, chômeurs, chômeuses et précaires, proposons des mesures d'urgence que le gouvernement a, jusqu'à ce jour, refusé de discuter.

Nous, chômeurs, chômeuses et précaires, pour qui les portes du « dialogue social » sont toujours fermées, souhaitons que nos propositions concernant Pôle emploi et la négociation Unédic soient entendues. [...]

Nous, femmes en emploi précaire et CDD à temps partiels, demandons que la précarité soit bannie* de l'univers du travail.

Nous, chômeurs, chômeuses sans-logis, mal-logés/es, exigeons l'arrêt des expulsions, la baisse des loyers et le respect de nos droits.

Nous, immigrés/es sans-papiers, demandons la régularisation pour vivre et travailler dignement en France. [...]

Nous, chômeurs et salariés solidaires, réclamons le respect du droit du travail pour toutes et tous, notamment par la réduction du temps de travail à 32 heures. [...] Nous, chômeurs, chômeuses et précaires, ensemble, avec le soutien des salariés/es solidaires, parce que nous refusons la fatalité du chômage, nous marcherons sur Paris pour que le Premier ministre ouvre le dialogue et réponde à nos propositions.

Nous, chômeurs, chômeuses et précaires, nous ne voulons pas la courbe du chômage inversée mais le chômage supprimé !

**Rejoignez-nous ! marchechomeurs2013@gmail.com
À l'appel de : SUD/Solidaires**

* être banni : être supprimé

2

Pour...

→ Revendiquer

*Nous, chômeurs, chômeuses, nous **exigeons** l'arrêt des expulsions.*
*Nous **réclamons** le respect du droit du travail.*
*Nous **demandons** que la précarité **soit** supprimée.*
*Nous marcherons sur Paris **parce que** nous refusons le chômage.*

Les mots... ▷ Activité 5 p. 110

De la revendication

souhaiter, proposer,
demander, réclamer,
exiger, refuser
manifester, une manifestation
marcher, une marche

Du travail

un(e) chômeur (chômeuse),
le chômage
un emploi précaire, la précarité
un(e) salarié(e) à temps partiel
un CDD, un CDI
le droit du travail
la réduction du temps de travail

4. Revendications

Lisez le tract. Notez :

a pour quelles personnes sont ces demandes :
1. les mesures d'urgence ;
2. la régularisation administrative ;
3. l'écoute ;
4. la suppression des expulsions, la baisse des loyers ;
5. la semaine de travail de 32 heures ;
6. la suppression de la précarité ;

b les verbes de revendication : *demander*, ___

5. Nous demandons !

1 Associez.

a Nous demandons	**1** la précarité soit bannie.
b Nous demandons que	**2** nous refusons la fatalité du chômage.
c Nous marcherons sur Paris parce que	**3** la régularisation des sans-papiers.

2 Complétez.

a *Demander + article + nom*
b Demander que + ___ + ___
c Parce que + ___ + ___

→ p. 131

Grammaire

Phrase simple / Phrase complexe
Indicatif / Subjonctif (2)

Phrase simple :
<u>sujet</u> + souhaiter / demander / proposer / réclamer / exiger + article + **nom** :
*Nous demandons la **régularisation** des sans-papiers.*

Phrase complexe :
– <u>sujet</u> + souhaiter / demander / proposer / réclamer / exiger + **que** + <u>sujet</u> + verbe **au subjonctif** :
*Nous demandons **que** <u>la précarité</u> **soit** bannie.*
– <u>sujet</u> + verbe + **parce que** + <u>sujet</u> + verbe à **l'indicatif** :
*Nous marcherons sur Paris **parce que** <u>nous refusons</u> la fatalité du chômage.*

▷ Activités 6 et 7 p. 111

Du social

le dialogue social, des mesures sociales
la négociation, négocier
solidaire, la solidarité
la régularisation, régulariser des sans-papiers
les sans-logis, les mal-logé(e)s
une expulsion
la crise

6. [k] et [g]

Relevez dans le tract (document 2) six mots contenant le son [k] et quatre mots contenant le son [g]. Comment s'écrivent les sons [k] et [g] ?

Phonétique 🎧 67

→ p. 121

Les sons [k] et [g]

Le son [k] s'écrit :

c + *a, o, u*	pré**c**arité, dis**c**uter
c + consonne	ré**cl**amer
qu	**qu**e

Le son [g] s'écrit :

g + *a, o, u*	**g**ouvernement, ré**g**ularisation
g + consonne	immi**gr**és

▷ Activité 8 p. 111

7. Nous réclamons !

Complétez les phrases avec : *nous voulons du travail, la fin du chômage, le gouvernement prenne des mesures.*

a Nous réclamons ___.
b Nous exigeons que ___.
c Nous manifestons parce que ___.

Communication

8. En marche pour nos droits !

En groupe.

1 Ajoutez trois paragraphes au tract (document 2).
Nous, étudiants, étudiantes, ___
Nous, retraité(e)s, ___
Nous, ___

Comparez vos productions avec la classe.

2 Créez un slogan pour chaque paragraphe de l'activité 8.1. Criez le slogan dans la classe comme dans l'exemple.
Le chômage, assez ! Nous voulons travailler !

L'actu des régions

1

La digue du large, sculpture-architecture
de Kader Attia à l'occasion de « Marseille Provence
capitale européenne de la culture 2013 ».

MARSEILLE-PROVENCE 2013
CAPITALE EUROPÉENNE
DE LA CULTURE

2

1. La capitale 2013

Observez les documents 1 et 2.

1 Décrivez les photos.

2 Connaissez-vous des villes qui ont été
capitales européennes de la culture ?
Dites lesquelles.

Culture/Savoir

Le titre de « Capitale européenne de la culture » existe depuis 1985.
Chaque année, une ou plusieurs villes propose(nt) un programme culturel.
Les deux capitales européennes de la culture en 2013 sont Marseille
et Košice (République tchèque).

2. Radio 🎧 69

**Écoutez le reportage de France Info.
Répondez aux questions.**

a Quel est le sujet du reportage ?

b Quelles sont les professions des deux
personnes qui parlent ?

c De quelle couleur sont les œuvres :
noires ? bleues ? blanches ? Pourquoi ?

d Quelles activités peut-on faire sur la digue ?

Grammaire → p. 131

La phrase complexe avec proposition infinitive

On peut + venir + verbe infinitif :
On peut venir lire.

Pour... ▷ Activités 9 et 11 p. 111

→ **Organiser son discours (2)**

*On bénéficie **à la fois** du point de vue sur la ville qui est sublime, **et aussi** on a le point
de vue sur le large.*

→ **Décrire, caractériser, situer**

***Sept kilomètres de** promenade **face à** la Méditerranée. C'est **une œuvre monumentale
qui est constituée de** trois îlots **qui évoquent** l'architecture méditerranéenne.
Le visiteur pourra marcher **sur de gigantesques blocs**.
L'accès se fait par la mer, **en** navettes, **départ du** fort Saint-Jean, **à l'extrémité du** Vieux-Port.*

Les mots...

Des loisirs / Du tourisme

la promenade
marcher / se promener
la découverte, découvrir
se reposer
pique-niquer
discuter
un point de vue / un panorama
une navette gratuite ≠ payante

3. La digue du large

Écoutez le reportage. Relevez les informations sur la digue du large.

a Description et caractéristiques.

b Situation et accès.

4. Point de vue

Écoutez le reportage avec la transcription (p. 157).

1 **Quels sont les deux points de vue de la digue ?**

2 **Un de ces points de vue est exceptionnel. Pourquoi ? Relevez la phrase exacte.**

Grammaire → p. 124

Les prépositions

De lieu :
– avec **de** : *à l'extrémité* **du** *port (à l'extrémité* **de***)* ;
– avec **à** : *face* **à** *la Méditerranée* ;
– simples : **sur** *la ville*.

▷ Activité 11 p. 111

De manière :
– **en** : **en** *navettes* ;
– **à** : **à** *vélo* ;
– **par** : **par** *la mer*.

Les prépositions verbales :
– **de** : *on* <u>bénéficie</u> **du** *point de vue (bénéficier* **de***)* ;
– **à** : *la digue* <u>ouvre</u> **au** *public (ouvrir* **à***)*.

❶ Beaucoup de verbes sont construits sans préposition : *Cette œuvre* <u>évoque</u> *les toits (évoquer)*.

▷ Activité 10 p. 111

---

5. Activités

Lisez les phrases. Classez l'infinitif des verbes :
– verbes sans préposition : ___
– verbes + *à* : ___
– verbes + *de* : *bénéficier de*, ___

a On bénéficie d'une vue sublime.

b J'adore les pique-niques.

c Vous pouvez profiter de cette belle vue.

d Tu as parlé aux artistes ?

e Vous avez décidé de visiter cette île.

f On va nager.

g Il faut téléphoner au directeur des expositions.

Phonétique 70 → p. 120

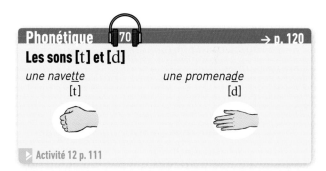

Les sons [t] et [d]

une navette   *une promenade*
[t]   [d]

▷ Activité 12 p. 111

---

6. [t] ou [d] ?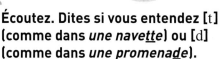

Écoutez. Dites si vous entendez [t] (comme dans *une nave<u>tt</u>e*) ou [d] (comme dans *une promena<u>d</u>e*).

la digue → J'entends [d].

Communication

7. L'histoire de la semaine

En groupe.

1 **Choisissez un lieu de votre ville (monument, œuvre d'art, musée, bâtiment...).**
Décrivez, caractérisez et situez ce lieu.
Listez les activités possibles dans ce lieu.

2 **Préparez un reportage radio d'une minute maximum (100 mots) pour présenter votre lieu.**

3 **Enregistrez votre reportage.**
La classe écoute le reportage, note le nom du lieu, sa description / caractérisation, sa situation et les activités.

De la mer

la digue
le large
le port
la Méditerranée
un îlot (une petite île)

Leçon 32 | # Réactions

1. Les gestes 🎬 14

Regardez la vidéo avec le son. Observez Nathalie et Laurent Bonomi.
Quelle est la signification de leurs gestes ? Choisissez.

a Montrer quelque chose.
b Compter pour insister.
c Montrer son énervement.

a Assez !   b Tu es fou !   c Tais-toi !

2. Laurent

1 Dites ce que Laurent regarde sur ces deux photos.

2 Quelle est son attitude sur la photo 2 ?
À votre avis, pourquoi ?

3. Les Bonomi et les Le Tallec

1 Décrivez les vêtements de Laurent et de Simon.
2 Caractérisez leur style.

3 Souvenez-vous des autres vidéos. Citez d'autres différences entre les Bonomi et les Le Tallec.

4. Vous et les vidéos

Répondez aux questions.

a Quel personnage vous ressemble le plus ?
b Qui aimeriez-vous rencontrer ?
c Vous venez en France : chez quelle famille aimeriez-vous habiter ?

5. Dites-le avec des gestes

Faites le geste qui correspond à chaque phrase.

a J'en ai assez !
b Non merci.
c J'espère que ça va marcher.
d Je ne suis pas fou !
e C'est délicieux.
f Salut !

6. Plus tard

Imaginez le futur de Louise, Hugo et Juliette. Partagez vos idées avec la classe. Est-ce que la classe est d'accord ?

MOT-PHRASE
Assez ! = *Arrête !*

Le MuCEM

Un nouveau musée

À deux. Observez la photo. Décrivez :

a le bâtiment : comment le trouvez-vous ?

b le lieu où il se trouve.

Le MuCEM

(Musée des civilisations de l'Europe et de la Méditerranée) a été inauguré le 4 juin 2013 par le président François Hollande. Ce musée propose aux visiteurs des collections sur les civilisations de la Méditerranée : 100 000 livres, 250 000 objets, 130 000 tableaux... Mais le MuCEM, c'est beaucoup plus qu'un espace d'exposition d'œuvres ou d'objets, c'est un lieu de débats, de rencontres, de spectacles, de projections de films, d'apprentissage. La culture méditerranéenne est représentée dans un magnifique espace de 40 000 m². Du haut du musée, il y a une superbe vue sur la ville. L'architecte Rudy Ricciotti a créé un splendide bâtiment tourné vers Marseille et la mer.

Marseille, la plus ancienne ville de France, a été fondée en 600 av. J.-C. par des marins grecs originaires de Phocée. Ville ouverte sur les deux rives de la Méditerranée, ville de partage et d'échanges, elle donne aux Marseillais leur identité.

Un musée – une ville

Lisez le texte. Dites si les informations sont vraies ou fausses.

a Le musée se trouve dans un bâtiment historique.

b Le MuCEM est un musée sur la ville de Marseille.

c On peut voir des pièces de théâtre et des concerts.

d Du musée, on peut observer le paysage marseillais.

e Marseille a été fondée par les Romains.

f Marseille a un passé commun avec l'Afrique du Nord.

L'inauguration 📽️ 15

1 **Regardez la vidéo sans le son. Répondez.**

a Qui voit-on ?

b À votre avis, de quoi parlent les personnes ?

c Notez le nom de trois objets.

2 **Regardez la vidéo avec le son.**

a Retrouvez trois informations sur le MuCEM citées dans le texte.

b Relevez deux nouvelles informations sur le MuCEM.

Culture/Savoir
Marseille (1 718 281 habitants pour la population urbaine) est la deuxième ville de France.

Entraînement

Leçon 29
---

1 Juliette est enthousiaste

Écoutez Juliette et dites le contraire.

Exemples : L'exposition était nulle.
Je n'ai rien aimé.

2 En famille

Complétez le dialogue entre Louise et Françoise.

LOUISE : Maman, tu peux me passer un peu de fric ?

FRANÇOISE : On ne dit pas « fric », on dit *argent*.

LOUISE : Aujourd'hui, au boulot...

FRANÇOISE : On ne dit pas ___ !

LOUISE : Je sais. Aujourd'hui, au ___, c'était pas facile. Et tu sais, j'aimerais bien m'acheter de nouvelles baskets.

FRANÇOISE : Mais ça coûte un fric fou !

LOUISE : Non maman, ça coûte ___ !

3 Synopsis

Écrivez l'histoire dans un registre familier.

Dans la rue, un mec s'approche...

Dans la rue, un homme s'approche.
Il ne plaisante pas. Il a plein d'argent dans ses poches mais il ne l'a pas gagné au travail. Il marche vite. Il rentre dans un café.
Il y retrouve une amie sympathique.
Elle lui dit qu'il est ennuyeux mais il n'écoute pas. Elle, c'est une intellectuelle des beaux quartiers. Il est inquiet. Soudain, la police arrive...

4 Les sons [k] et [g]

Écoutez et répétez.

a Un truc gratuit.

b Quand tu rigoles, c'est comme un grand gag !

c Regarde cette sculpture contemporaine !

Leçon 30
---

5 Mots croisés

Lisez les définitions et complétez la grille.

Horizontalement

1. Étrangers qui vivent dans un pays étranger sans visa, sans carte de séjour.
5. Ne pas accepter.
8. Demander, réclamer avec force.
9. Quelqu'un qui travaille et qui a un salaire.
10. Discussion pour obtenir un accord.

Verticalement

2. Situation d'une personne qui n'est pas sûre de garder son emploi, son logement.
3. Défiler dans la rue pour protester.
4. Quelqu'un sans emploi.
6. Sentiment qui pousse les hommes à s'aider.
7. Sentiment qui pousse les hommes à se respecter.

Dialogue

6 Du simple au complexe

Transformez les phrases comme dans l'exemple.

Exemple :

Nous exigeons du travail pour les chômeurs.
(trouver / le gouvernement)

→ *Nous exigeons que le gouvernement trouve du travail pour les chômeurs.*

a Nous réclamons des négociations.
(ouvrir / le Premier ministre)

b Nous voulons des réponses à nos questions.
(répondre / le Président)

c Je propose une marche sur Paris.
(marcher / nous)

d Ils exigent la régularisation de tous les sans-papiers. (régulariser / vous)

e Vous réclamez un logement pour les sans-logis. (avoir / les sans-logis)

7 Rejoignez-nous !

Complétez librement le tract.

> Étudiants, étudiantes de français, en marche pour parler français comme un Français !
>
> ➔ Nous, étudiants, étudiantes de français, souhaitons que ___
> ➔ Nous proposons ___
> ➔ Nous réclamons ___
> ➔ Nous exigeons que ___
> ➔ Nous marcherons sur Paris parce que nous ___
> ➔ Rejoignez-nous ! ___ @ ___ . À l'appel de ___

8 [k], [g], [s] ou [ʒ] ?

1 Lisez les mots. Les lettres soulignées se prononcent [k], [g], [s] ou [ʒ] ?

pré<u>c</u>aires – ur<u>g</u>ence – so<u>c</u>ial – lo<u>g</u>is – exi<u>g</u>er – rédu<u>c</u>tion – la <u>c</u>ourbe – le tra<u>c</u>t – un <u>g</u>lis – négo<u>c</u>ier – ré<u>g</u>ulariser

2 Écoutez pour vérifier.

■ **Leçon 31** ■

9 Le château d'If

Complétez le texte avec : *L'accès, à la fois, et aussi, par, en, face, départ, visiter, constitué, bénéficie, évoque.*

> Le **château d'If** situé ___ à Marseille, est ___ d'un îlot et d'un château fort. On ___ d'un point de vue ___ sur la ville ___ sur le large. On peut venir ___ le château qui ___ la prison du *Comte de Monte-Cristo*, d'Alexandre Dumas. ___ se fait ___ la mer, ___ bateau ; ___ du Vieux-Port.

10 Prépositions verbales

Écrivez une phrase avec le verbe proposé.

Exemple : écrire à → J'ai écrit au professeur.

a s'occuper de
b regarder
c avoir besoin de
d penser à
e répondre à
f écouter
g avoir envie de
h continuer à

11 C'est où ?

1 Dessinez :

a un bateau à l'extrémité d'une digue
(= au bout d'une digue) ;

b un poisson sous le bateau ;

c un oiseau sur la digue ;

d un homme derrière l'oiseau ;

e une femme à côté de l'homme ;

f un îlot face à la digue
(= en face de la digue).

2 Demandez à un(e) étudiant(e) de continuer le dessin. Vous lui indiquez quoi et où.

12 Les sons [t] et [d]

Écoutez et répétez de plus en plus vite.

a Tu attends ton thé sur cette petite île.

b Doudou dit « digue », dada dit « dodo ».

c Je te donne un gâteau comme cadeau.

Action !

Nous écrivons un tract.

Pour cela, nous allons :

▷ **Décider :**
– quelle organisation nous représentons ;
– qui sont les destinataires du tract ;
– quel est le problème, la situation ;
– quelle est la revendication, quelles sont les demandes ;
– quel est l'événement, l'action.

▷ **Écrire un texte : organiser les idées.**
– L'introduction : présentation de la situation.
– Le corps du texte : explications, argumentation.
– La conclusion : appels, invitations, propositions.

▷ **Utiliser un niveau de langue courant.**

▷ **Choisir :**
– un format ;
– des illustrations.

▷ **Mettre en valeur les idées principales (couleurs, soulignements...).**

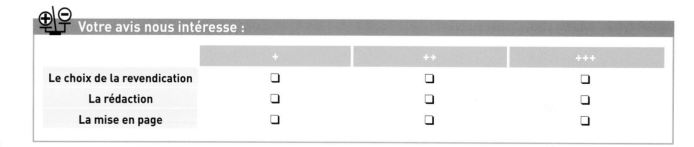

Votre avis nous intéresse :	+	++	+++
Le choix de la revendication	❏	❏	❏
La rédaction	❏	❏	❏
La mise en page	❏	❏	❏

DELF A2

Vous écoutez ce message sur votre répondeur. Répondez aux questions.
(Choisissez la bonne réponse ou écrivez l'information demandée.)

1. Quel cadeau Julien souhaite-t-il offrir à Marc ?

a ☐   b ☐   c ☐

2. À quel prix Julien a-t-il vu le cadeau de Marc en magasin ?

....

3. Pourquoi est-il préférable d'acheter le cadeau de Marc avant le 15 septembre ?

....

....

4. Si Juliette et Sophie partagent le prix du cadeau, quelle somme donnerez-vous chacun ?
   a ☐ 120 €.
   b ☐ 480 €.
   c ☐ 600 €.

5. Que devez-vous faire à 18 heures ?

....

....

113

Vous lisez cette publicité sur le musée du Louvre. Répondez aux questions.
(Choisissez la bonne réponse ou écrivez l'information demandée.)

Le Louvre, c'est la découverte parisienne ! Les amoureux de l'histoire ne pourront que se réjouir dans chaque salle : antiquité grecque, égyptienne, époque médiévale, peintures françaises… Lorsqu'on arrive au niveau de l'entrée vers la pyramide, on ne s'imagine pas une seule seconde que ce musée est si grand (210 000 m² dont 60 000 m² d'exposition). Si on veut tout visiter, il est conseillé de le visiter en plusieurs jours. D'abord conçu comme un palais avant d'être transformé en lieu d'expositions, le musée du Louvre a quelques problèmes d'architecture. Il est difficile, par exemple, de mettre des sculptures qui pèsent très lourd sur des parquets anciens. C'est la raison pour laquelle les sculptures ont été placées au rez-de-chaussée. Ce musée est divisé en plusieurs départements comme celui des antiquités, celui des objets d'art ou celui des peintures. Il y a régulièrement des expositions différentes et souvent prestigieuses avec des œuvres majeures. Et si vraiment le musée n'est pas suffisant, vous pouvez aller visiter le carrousel du Louvre ou les jardins de Tivoli.

1. Quelles antiquités peut-on trouver au musée du Louvre ?

....

2. Vrai ou faux ? Choisissez la bonne réponse et recopiez la phrase ou la partie du texte qui justifie votre réponse.

	V	F

Quand on entre dans la pyramide, on se rend compte de la grandeur du musée. ☐ ☐

Justification : ....

3. Pour visiter l'intégralité du musée, qu'est-il conseillé de faire ?

....

4. Avant d'être un espace pour des expositions d'œuvres d'art, quel type de bâtiment était le musée du Louvre ?

....

5. Pour quelle raison les sculptures se trouvent au rez-de-chaussée ?

....

6. Vrai ou faux ? Choisissez la bonne réponse et recopiez la phrase ou la partie du texte qui justifie votre réponse.

	V	F

Les tableaux et les autres œuvres d'art sont exposés dans différentes pièces du musée. ☐ ☐

Justification : ....

7. Au Louvre, les expositions...
   a ☐ varient très souvent.
   b ☐ sont peu nombreuses.
   c ☐ présentent des œuvres peu connues.

8. Quels autres lieux de visites propose cette publicité ? (2 réponse attendues)
   a ....
   b ....

▷ **Écrire un message court**

1. **Vous avez reçu ce message d'un ami français.**

> **De :** francklol@hotmail.fr
> **Objet :** Cadeau pour Sophie
>
> Salut !
> J'ai une idée pour le cadeau de Sophie : un smartphone. J'en ai vu un en promotion. Je ne pense pas qu'il ait toutes les fonctionnalités mais il n'est pas cher. Qu'est-ce que tu en penses ?
> Donne-moi ton avis et si tu n'es pas d'accord, dis-moi si tu as une autre idée.
> À bientôt !
> Franck

Vous n'êtes pas d'accord avec sa proposition. Vous lui donnez votre opinion et vous proposez un autre cadeau. Vous décrivez le cadeau et vous expliquez pourquoi votre idée est meilleure que la sienne (60-80 mots).

> **De :** ....
> **Objet :** ....
>
> ....
> ....
> ....
> ....
> ....
> ....
> ....
> ....
> ....
> ....

2. **Vous aimeriez travailler l'été à l'office de tourisme de votre ville. Pour cela, vous devez envoyer un courrier dans lequel vous présentez une ville de votre pays. Choisissez les lieux les plus touristiques de votre ville, caractérisez-les et listez les activités que l'on peut y faire (60-80 mots).**

....
....
....
....
....
....

1. Vous parlez d'une œuvre que vous aimez. Vous la décrivez et vous expliquez pourquoi vous aimez cette œuvre.

2. À deux. Vous vous mettez d'accord avec votre ami(e) sur l'achat d'un smartphone.
Vous discutez du prix, de la forme et de ses fonctions.
Vous pouvez vous aider des trois choix suivants.

Écran tactile légèrement agrandi
et grande définition de l'image.
Des photos extraordinaires !

Assez lourd mais il filme et prend
des photos en haute définition.
La qualité du son est bonne !

**La caméra filme en haute
résolution !**

Annexes

Glossaire du cinéma

▶ **Une bande-annonce :** séquences d'un film qui servent à en faire la présentation et la promotion.

▶ **Le décor :** le lieu de l'action d'un film.

▶ **Le générique :** première et dernière partie d'un film où sont indiqués les noms de ceux qui ont participé à l'élaboration du film.

▶ **Le hors-champ :** pour évoquer la présence de quelque chose qui est en dehors du champ de la caméra et que le spectateur ne voit pas.

▶ **Un montage :** l'ordre dans lequel les images sont mises pour raconter l'histoire d'un film.

▶ **Un ralenti :** les mouvements à l'image sont plus lents que dans la réalité.

▶ **Un scénario :** texte qui décrit les actions d'un film (indications techniques et dialogues).

▶ **Un story-board :** découpage du scénario sous forme de dessins réalisés avant le tournage.

▶ **Un synopsis :** bref récit qui résume le scénario.

▶ **La voix off :** on entend mais on ne voit pas celui / celle qui parle.

▶ **Zoom :** l'image se rapproche ou s'éloigne d'un objet ou d'un personnage.

Les plans

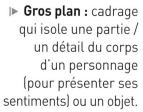

▶ **Caméra subjective :** cadrage pour mettre le spectateur dans la position d'un personnage.

▲ **Plan panoramique :** mouvement de caméra pour explorer un espace et suivre un mouvement.

▶ **Gros plan :** cadrage qui isole une partie / un détail du corps d'un personnage (pour présenter ses sentiments) ou un objet.

▶ **Plan rapproché :** cadrage pour situer un ou deux personnages à une distance de conversation (comme si le spectateur pouvait lui / leur répondre).

▶ **Plan d'ensemble :** cadrage pour situer le(s) personnage(s) dans la totalité du décor.

▶ **Plongée :** prise de vue du haut vers le bas pour montrer, par exemple, un sujet en position d'infériorité.

▶ **Plan de demi-ensemble :** cadrage pour situer le(s) personnage(s) dans une partie du décor.

▶ **Plan moyen :** cadrage pour montrer les liens entre un ou plusieurs personnages.

▲ **Travelling latéral :** mouvement de caméra pour transférer, par exemple, l'attention d'un sujet à un autre.

Précis de phonétique

Les sons du français

▷ Les voyelles

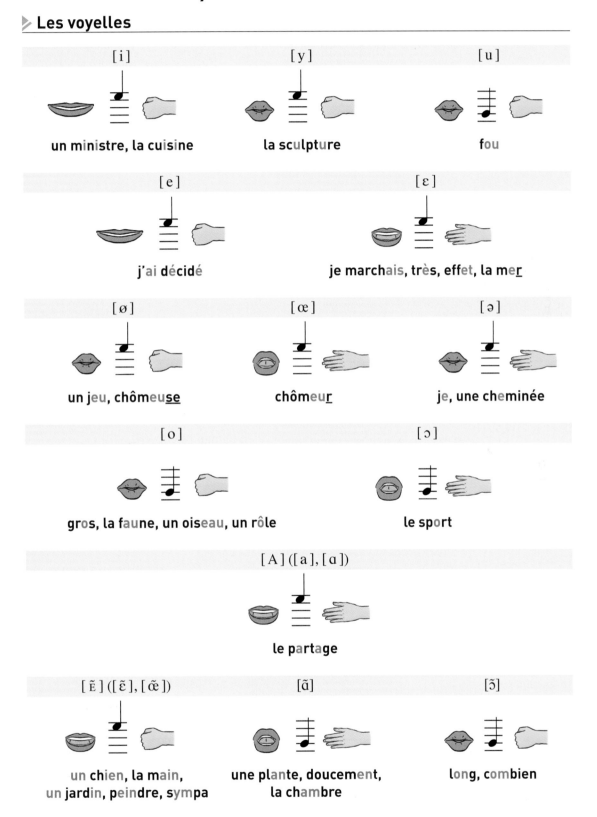

[i]
un ministre, la cuisine

[y]
la sculpture

[u]
fou

[e]
j'ai décidé

[ɛ]
je marchais, très, effet, la mer

[ø]
un jeu, chômeuse

[œ]
chômeur

[ə]
je, une cheminée

[o]
gros, la faune, un oiseau, un rôle

[ɔ]
le sport

[A] ([a], [ɑ])
le partage

[Ẽ] ([ɛ̃], [œ̃])
un chien, la main,
un jardin, peindre, sympa

[ɑ̃]
une plante, doucement,
la chambre

[ɔ̃]
long, combien

Précis de phonétique

▷ Les consonnes

[p]	[t]	[k]
un pas, un appel	tout, une navette	la musique, un spectacle

[b]	[d]	[g]
belle	la douche	un gaz

[m]	[n]	[ɲ]
madame, couramment	la planète, donner	la campagne

[f]	[s]	[ʃ]
une fleur, une affiche	s'asseoir, discipliné, ça, les vacances, la fonction	marcher

[v]	[z]	[ʒ]
évoluer	la crise, le gaz, les_hommes	un logement, un jeu

[l]		[ʀ]
une belle île		remplir, arriver

Les semi-consonnes

[ɥ]	[w]	[j]
la cuisine	un choix, un point, citoyen	gentille, un avion, citoyen, un conseil

Phonie-graphie

▷ Quelques sons et leurs graphies

On prononce	On écrit
[i]	**i :** un ministre **y:** l'écosystème **î :** une île
[y]	**u :** la sculpture **eu** (*participe passé du verbe* avoir) : j'ai **eu**
[u]	**ou :** fou
[e]	**é :** j'ai décidé **e** + *consonne muette* : donner
[ɛ]	**ai :** je marchais **è :** très **et :** effet **ê :** être **e** + *consonne prononcée* : la mer
[ø]	**eu :** un jeu **eu** + [z] : chômeuse
[œ]	**eu** + *consonne prononcée (sauf [z])* : chômeur
[ə]	**e :** je
[o]	**au :** la faune **eau :** un oiseau **o** + *consonne muette* : gros **o** + [z] : grandiose **ô :** un rôle
[ɔ]	**o** + *consonne prononcée (sauf [z])* : le sport
[ɛ̃] ([ɛ̃], [œ̃])	**un :** un **in :** jardin **ain :** la main **ein :** peindre **ien :** un chien **ym :** sympa
[ɑ̃]	**an :** une plante **en :** doucement **am :** la chambre
[ɔ̃]	**on :** long **om :** combien

On prononce	On écrit
[ɥ]	**ui :** la cuisine **u** + *voyelle prononcée* : évoluer
[w]	**oi :** un choix **oin :** un point **oy :** citoyen **ou** + *voyelle prononcée* : chouette !
[j]	**il :** un conseil **ill :** gentille **y :** citoyen **i** + *voyelle prononcée* : un avion
[k]	**k :** l'aïkido **c** + a / o / u : la cuisine **c** + *consonne* : un spectacle **qu :** la musique
[s]	**s** *en début de mot* : sept **s** *à côté d'une consonne* : discipliné **ss :** s'asseoir **ç :** ça **c** + e / i : les vacances **t** + ion : la fonction
[z]	**s** *entre deux voyelles* : la crise **s** *de liaison* : les_hommes **x** *de liaison* : deux_heures **z :** le gaz
[g]	**g** + a / o / u : le gaz **gu** + e / i : une bague **g** + *consonne* : grand
[ʒ]	**j :** un jeu **g** + e / i : un logement

Précis de grammaire

Caractériser / Décrire

▷ Les articles

L'article défini introduit un nom « connu ».
La compagnie de théâtre le Royal de luxe.

L'article indéfini introduit un nom qui n'est pas encore « connu ».
Une lettre est arrivée.

L'article partitif introduit un nom qui n'est pas « comptable ».
Voulez-vous du thé ?

	Définis	Indéfinis	Partitifs
Masculin singulier	*le / l'*	*un*	*du / de l'*
Féminin singulier	*la / l'*	*une*	*de la / de l'*
Pluriel	*les*	*des*	*des*

▷ Le pluriel des noms   ▌Leçon 15

On ajoute un *-s* à la fin du nom.
un théâtre → *des théâtres*
❶ *un bateau* → *des bateaux*

Pour les noms qui finissent par *-al*, le pluriel devient *-aux*.
un animal → *des animaux*

▷ La place et l'accord de l'adjectif

L'adjectif qualifie le nom. Il se place après le nom.
*C'est une ville **intéressante**.*
❶ Les adjectifs *jeune, bon, beau, grand, petit* se placent avant le nom.
*C'est une **belle** ville.*
❶ On utilise *bel* pour les noms masculins qui commencent par une voyelle.
*Un **bel** objet.*

Au féminin, on ajoute un *-e*.
Le tapis est rond. La table est ronde.

Au pluriel, on ajoute un *-s*.
Les robots ménagers sont chers.
Les photos artistiques sont chères.

Les adjectifs qui finissent par *-al* ont un pluriel en *-aux*.
un parc national → *des parcs nationaux*

▷ La nominalisation   ▌Leçon 26

À partir d'un verbe, on peut former un nom.

Suffixes	Verbes	Noms
-teur / -trice (la personne ou l'objet qui fait l'action)	*traduire*	*un traducteur / une traductrice*
-age, -ment, -tion (l'action)	*partager* *classer* *s'inscrire*	*le partage* *un classement* *une inscription*

En général :
– les noms qui finissent par *-teur*, *-age*, *-ment* sont **masculins**.
– les noms qui finissent par *-trice*, *-tion* sont **féminins**.

▷ La troncation (la réduction des mots)
❙ Leçon 27

On appelle *troncation* le fait de supprimer une ou plusieurs syllabes d'un mot pour en créer un nouveau plus court.
un ordinateur → *un **ordi***
le cinématographe → *le **cinéma*** → *le **ciné***
un professeur → *un **prof***
un autocar → *un **car***

On peut faire la même chose avec certains prénoms :
Hippolyte → ***Hippo***

▷ Le présent
❙ Leçon 5

On utilise le présent pour :
– décrire une action en train de se passer :
   Je regarde un film.
– exprimer une idée :
   L'art moderne, c'est beau.
– décrire une habitude :
   Je fais du jogging.
– décrire un état :
   Je suis étudiante.
– parler du futur :
   Je vais à Paris à Noël.
– décrire une action qui a commencé dans le passé mais qui continue :
   Nous habitons à Nantes depuis six mois.

▷ La négation
❙ Leçon 29

La place des éléments de la négation dans la phrase	
Avec un temps simple	sujet + *ne* + verbe conjugué + *pas* → *Je **ne** comprends **pas**.*
Avec un temps composé	sujet + *ne* + auxiliaire + *pas* + participe passé → *Je **ne** suis **pas** sortie.*
Avec le mode impératif	*ne* + verbe conjugué + *pas* → ***Ne** lisez **pas**.*

Les différentes formes de négation	
La négation porte sur une chose	*ne / n'… pas / rien* → *Il **n'**aime **rien**.*
La négation porte sur une personne	*ne / n'… personne* → *On **ne** connaît **personne**.*
La négation porte sur la fréquence	*ne / n'… jamais / plus* → *Il **ne** va **jamais** au musée.* → *Il **n'**aime **plus** la fac.*

Précis de grammaire

Les prépositions Leçon 31

De localisation
- **à l'extrémité de :** à l'extrémité du port.
- **face à :** face à la Méditerranée.
- **au bord de :** au bord de la Seine.
- **sur :** sur la ville.

De moyen
- **en :** On va à l'aéroport en navette.
- **à :** Françoise va travailler à vélo.
- **par :** On peut arriver à Nantes par la mer.

De matière
- **en :** un presse-agrumes en métal.

De construction du verbe
- Avec **de :** On profite du week-end (profiter **de**).
- Avec **à :** Le MuCEM a ouvert au public cet été (ouvrir **à**).

Les pronoms relatifs Leçons 6 et 21

Ils permettent de relier deux phrases en évitant de répéter un nom ou un pronom.

- **Pour remplacer un sujet :** *qui* (il est toujours suivi d'un verbe).
J'ai une amie. **Cette amie** fait des études de sociologie.
→ J'ai une amie **qui** fait des études de sociologie.

- **Pour remplacer un complément d'objet direct :** *que / qu'* (+ voyelle)
(il est suivi d'un sujet).
Je vais voir un film au cinéma. Juliette m'a conseillé **ce film**.
→ Je vais voir un film **que** Juliette m'a conseillé.

- **Pour remplacer un complément de lieu :** *où*.
C'est une ville. J'habite **dans cette ville**.
→ C'est la ville **où** j'habite.

La mise en valeur Leçon 13

Pour insister et mettre en valeur un mot ou un groupe de mots, on utilise :
ce que / ce qui... c'est.
Ce que j'aime, **c'est** le cinéma.
Ce qui me plaît, **c'est** le cinéma.

Les pronoms personnels Leçons 15, 17, et 18

	Singulier			Pluriel		
	1	**2**	**3**	**1**	**2**	**3**
Compléments d'objet direct	me (m')	te (t')	le (l') / la (l')	nous	vous	les
Compléments d'objet indirect	me (m')	te (t')	lui	nous	vous	leur
Toniques	moi	toi	lui / elle	nous	vous	eux / elles

- Les pronoms remplacent un nom.
Ils se placent :
– avant le verbe :
  *Je **le** vois demain.*
– avant l'infinitif :
  *Impossible de **le** voir.*
– entre le verbe et l'infinitif :
  *Je peux **le** faire.*

❶ Avec l'impératif, le pronom se met après le verbe ; *me* et *te* deviennent ***moi*** et ***toi***.
*Décide-**toi** !*

- Les pronoms compléments d'objet direct (COD) s'utilisent avec des verbes sans préposition. Ils remplacent des choses ou des personnes.
*Je **le** vois tous les jours. (Je vois <u>Hugo</u> tous les jours.)*
*Je **le** prends tous les matins. (Je prends <u>le tram</u> tous les matins.)*

- Les pronoms compléments d'objet indirect (COI) remplacent des noms précédés de la préposition ***à***. Ils remplacent souvent des personnes.
Ils répondent à la question « À qui ? ».
*téléphoner à → Je téléphone **à** Charlotte. → Je **lui** téléphone.*

▷ Le pronom *y*   ❘ Leçon 21

Le pronom ***y*** permet de remplacer un complément de lieu.
Il se place avant le verbe.
*J'aime bien aller <u>à Marseille</u>. J'**y** vais l'été.*

▷ Le pronom *en*   ❘ Leçon 27

- Le pronom ***en*** remplace un nom précédé de *un(e)*, *du*, *de la*, *de(s)*.
Il se place avant le verbe.
*Je vais **en** faire. (En peut remplacer : du sport, de la danse, des exercices…)*
*J'**en** cherche un. (En peut remplacer : un travail, un appartement…)*
- Il s'utilise avec des verbes qui se construisent avec ***de*** : penser de, parler de.
*Qu'est-ce que tu **en** penses ? = Qu'est-ce que tu penses <u>du « bateau mou »</u> ?*

▷ Les indéfinis   ❘ Leçons 22 et 23

Ils servent à désigner des personnes ou des choses de manière plus ou moins précise.
Ils peuvent être sujet ou COD.

	Unité			Pluralité	
Sens positif	chacun(e)	chaque	tout(e)	tous / toutes	quelques
Sens négatif	personne	rien			

Tout *être humain à droit à la liberté d'expression.*
Tous *les hommes naissent libres et égaux.*
Chacun *est libre d'aller où il veut.*
Chaque *personne est libre de ses opinions.*
Quelques *droits ne sont pas respectés.*
*J'aime **tous** les tableaux de Matisse.*
*Je ne connais **personne**.*
*Je ne veux **rien**.*

Précis de grammaire

Leçon 25

▷ Les pronoms interrogatifs

Ils peuvent être simples (*qui*) ou composés (*lequel, laquelle...*).
Les pronoms interrogatifs composés s'accordent en genre et en nombre.
Ils permettent d'interroger sur un ou plusieurs objets extraits d'un ensemble.
Le nom qu'ils remplacent peut être présent dans la phrase interrogative ou dans le contexte.

	Singulier	Pluriel
Masculin	*lequel*	*lesquels*
Féminin	*laquelle*	*lesquelles*

Lequel *de ces tableaux te plaît ?*
Tu as trois vestes. **Laquelle** *vas-tu mettre ?*

▷ Les pronoms démonstratifs

Leçon 25

Ils remplacent un nom que l'on veut montrer ou situer.
Si on a deux choix, on dit « ci » puis « là ». Si on a un seul choix, on emploie l'un ou l'autre.

	Singulier	Pluriel
Masculin	*celui-ci / -là*	*ceux-ci / -là*
Féminin	*celle-ci / -là*	*celles-ci / -là*

Lequel ? **Celui-là**.
Ces œuvres sont intéressantes mais **celle-ci** *est vraiment belle.*

▷ Les adverbes de manière

Leçon 17

Les adverbes de manière s'utilisent pour caractériser la manière de faire quelque chose.
La plupart se forment avec l'adjectif au féminin + **-ment**.
attentif → *attentiv**e** + -ment = attentiv**ement***
parfait → *parfait**e** + -ment = parfait**ement***

❶ Certains adverbes sont irréguliers :
courant → **couramment**
intelligent → **intelligemment**

▷ Le gérondif

Leçon 26

On utilise le gérondif pour exprimer **la manière**.
Le sujet du verbe au gérondif est le même que celui de la principale.
Formation : *en* + base du verbe (radical du verbe conjugué à la 1re personne du pluriel du présent) + **-ant**.

Infinitif	Présent	Participe présent	Gérondif
finir	*nous **finiss**ons*	*finissant*	*en finissant*
prendre	*nous **pren**ons*	*prenant*	*en prenant*
vivre	*nous **viv**ons*	*vivant*	*en vivant*

Je lis le journal **en prenant** *mon petit déjeuner.*

❶ Les **pronoms compléments** se placent avant le participe présent.
*Elle lui parle en **le** regardant dans les yeux.*

Raconter

▶ Le passé composé

Leçons 9 et 10

On utilise le passé composé pour raconter un événement (une action) passé(e), terminé(e) et limité(e) dans le temps.
Les événements sont présentés dans un ordre chronologique.

Avec l'auxiliaire *être*

- On utilise l'auxiliaire **être** avec :
- les verbes pronominaux :
  *Elle s'**est** inscrite à la fac.*
- les verbes :   *naître / mourir   monter / descendre*
                  aller / venir / devenir   passer
                  arriver / rester / partir   retourner
                  entrer / sortir   tomber

  *Elle **est** née en Espagne.*
- Avec l'auxiliaire **être**, le participe passé s'accorde avec le sujet.
Elle s'est levée tôt.
Ils sont devenus amis.

Avec l'auxiliaire *avoir*

- Pour tous les autres verbes, on utilise l'auxiliaire **avoir**.
- Avec l'auxiliaire **avoir**, le participe passé ne s'accorde pas avec le sujet.
Elle a travaillé au Japon.
Hugo a invité Juliette.

▶ L'imparfait

Leçon 9

On utilise l'imparfait pour exprimer une situation, faire une description (personnes, états), décrire une habitude.
Formation : base de la 1re personne du pluriel au présent + *-ais, -ais, -ait, -ions, -iez, -aient.*
*Je **passais** mes vacances au bord de la mer.*

❶ **Être** : *j'étais, tu étais...*

▶ Le récit au passé

Leçon 11

Pour raconter au passé, on donne deux types d'informations.

Les circonstances, les personnes, les états → l'imparfait	Les événements, les changements (ce qui s'est passé) → le passé composé

*Il y **avait** beaucoup de monde, la musique **était** super.*
*Nous **avons rencontré** Juliette et ses copains. Nous nous **sommes assis** avec eux.*
Ce sont les verbes au passé composé qui font « avancer » le récit.

▶ Les indicateurs temporels

Leçons 5, 10 et 11

- Pour dire dans quel ordre les événements ont eu lieu (la chronologie), on utilise :
- ***d'abord*** (1), ***ensuite / puis*** (2), ***enfin*** (3) :
  D'abord, *nous sommes partis à la mer.* ***Ensuite***, *nous avons visité Toulouse.*
  Enfin, *nous avons fait de la marche dans les Pyrénées.*
- ***avant de*** + infinitif, ***après*** + nom :
  Avant de <u>partir</u>, *nous avons contacté nos amis.*
  Après <u>nos vacances</u>, *nous étions bien reposés.*

Précis de grammaire

● Pour situer un événement dans le passé, on utilise : ***il y a, en, à l'âge de, X an(s) plus tard, X an(s) après***.
*Je suis allée au Mexique **il y a** dix ans.*
*J'ai fini mes études **en** 1998.*

● Pour exprimer une durée qui est terminée, on utilise : ***pendant***.
*J'ai travaillé comme architecte **pendant** cinq ans.*

● Pour indiquer à quel moment une action a commencé et dire qu'elle continue dans le présent, on utilise : ***depuis*** + verbe au présent.
*Je <u>suis</u> vendeuse **depuis** deux mois.*

▷ Le passé récent   ┃ Leçon 13

Il permet de rapporter une action qui s'est passée juste avant le moment où on parle.
Il se forme avec le verbe ***venir*** au présent + ***de*** + le verbe à l'infinitif.
*Il **vient de** <u>rentrer</u>.*

Parler du futur

▷ Le futur proche

Pour indiquer qu'une action va se dérouler dans un avenir très proche du présent, on utilise le futur proche. Le futur proche est beaucoup utilisé à l'oral.
Il se forme avec le verbe ***aller*** au présent + le verbe à l'infinitif.
*Je **vais** <u>faire</u> du café.*

▷ Le futur simple   ┃ Leçon 1

Il s'utilise pour parler d'une action à venir, faire des projets, prendre des résolutions.
Formation : infinitif + *-ai, -as, -a, -ons, -ez, -ont*.
*L'année prochaine, je **partirai** en voyage.*

Faire une hypothèse   ┃ Leçon 1

Pour exprimer un projet sous condition, on utilise : ***si*** + **présent** + futur simple.
La condition est au présent et le résultat est au futur.
*Si nous **avons** le temps, nous irons au cinéma.*
*(Nous irons au cinéma, **si** nous **avons** le temps.)*

Dire de faire

▷ L'impératif   ┃ Leçons 2 et 18

On utilise **l'impératif** pour dire à quelqu'un de faire quelque chose.
L'impératif se conjugue à la 2e personne du singulier et aux 1re et 2e personnes du pluriel.
Sors ! Sortons ! Sortez !

L'impératif à la forme négative : ***(ne) (n')*** + impératif + ***pas***.
Ne <u>buvez</u> ***pas*** d'alcool.

L'impératif des verbes pronominaux : ***me*** et ***te*** deviennent ***moi*** et ***toi***.
*Installe-**toi**.*
*Promenons-**nous**.*

L'impératif et les pronoms compléments

Le pronom complément **COD** ou **COI** se place **après le verbe** à l'impératif affirmatif.

*Demandez-**lui**.*

*Donne-**le**.*

On utilise ***moi**, **toi**, **nous**, **vous*** pour les 1re et 2e personnes.

*Levez-**vous**.*

▶ Le subjonctif | Leçons 18 et 19

On utilise **le subjonctif** après *il faut que / il ne faut pas que.*

*Il faut que vous **soyez** à l'heure.*

*Il ne faut pas que vous **parliez** trop fort.*

Formation :

– pour *je, tu, il/elle/on, ils/elles* : **base** de la 3e personne du pluriel au présent + les terminaisons du présent des verbes en *-er* (*-e, -es, -e, -ent*) :

*ils **vienn**ent* ; base : *vienn-*

	que je	**vienne**
il faut	que tu	**viennes**
	qu'il/elle/on	**vienne**
	qu'ils/elles	**viennent**

– pour *nous, vous* : **base** de la 1re personne du pluriel au présent + les terminaisons de l'imparfait (*-ions, -iez*) :

*nous **ven**ons* ; base : *ven-*

il faut	que nous	**venions**
	que vous	**veniez**

❶ Les verbes *être, avoir, aller, faire, pouvoir, savoir, vouloir* sont irréguliers.

Donner son point de vue | Leçons 15 et 19

▶ L'opinion

On utilise les verbes ***penser / trouver / croire que*** + verbe à l'indicatif pour donner son point de vue.

Nous pensons que *l'écologie <u>est</u> nécessaire.* – ***Nous trouvons que*** *l'art moderne <u>est</u> joyeux.* – ***Je crois que*** *la culture pour tous, c'<u>est</u> bien.*

▶ La certitude

On utilise ***être sûr(e) / être certain(e) que*** + verbe à l'indicatif pour exprimer la certitude.

Je suis sûr qu'*elle trouvera un travail.*

Nous sommes certains qu'*il réussira ses études.*

Exprimer un souhait | Leçon 19

Pour exprimer un souhait, on utilise :

– **le subjonctif** avec le verbe *souhaiter* ;

l'emploi du subjonctif suppose deux sujets différents :

Je souhaite qu'elle réussisse.

Il souhaite que vous veniez à sa fête.

– **le conditionnel** avec le verbe *vouloir* ou *être* + infinitif ;

formation : base du futur simple + terminaisons de l'imparfait.

Futur   Conditionnel présent

j'aimerai → *j'aimerais voyager*

*Je **voudrais** partir en vacances.*

129

Précis de grammaire

Comparer

Leçons 6 et 7

La comparaison porte :		Le superlatif
sur un adjectif / adverbe	**sur un nom**	
La supériorité *plus* + adjectif / adverbe + *que* *Il est **plus** <u>grand</u> **que** son frère.* ❶ Comparatifs irréguliers : *bon(ne)* → *meilleur(e)*, *bien* → *mieux*. *Le chocolat est **meilleur** **que** le café.* *Il joue **mieux qu'**elle.*	*plus de (d')* + nom + *que* *Il a **plus de** <u>livres</u> **que** son copain.*	*le / la / les plus / moins* + adjectif / adverbe *C'est **le plus** <u>bel</u> appartement !* ❶ *C'est **la meilleure** !* *C'est **le mieux**.* *le plus de (d') / le moins de (d')* + nom *C'est la rue qui a **le moins de** <u>magasins</u>.*
L'infériorité	*moins* + adjectif / adverbe + *que* *Le train va **moins** <u>vite</u> **que** l'avion.*	*moins de* + nom + *que* *Il a **moins de** <u>travail</u> **que** sa femme.*
L'égalité	*aussi* + adjectif / adverbe + *que* *Cet acteur est **aussi** <u>charmant</u> **que** ce chanteur.*	*autant de* + nom + *que* *Il achète **autant de** <u>musique</u> **qu'**elle.*

Organiser ses idées

▷ Exprimer le but

Leçon 3

L'expression du but répond à la question « Pour quoi (faire) ? ».
Pour expliquer un objectif, une intention, on utilise : **pour** + infinitif.
*Je suis allée en Allemagne **pour** <u>donner des cours de français</u>.*

▷ Exprimer la cause (fait qui entraîne un autre fait)

Leçons 3 et 14

• L'expression de la cause répond à la question « Pourquoi ? ».
Pour expliquer une raison, une justification, on utilise : **parce que (qu')**.
*J'apprends le français **parce que** je voudrais travailler en France.*
• Si le résultat est négatif, on utilise : **à cause de** + nom / pronom.
***À cause de** <u>la neige</u>, je n'ai pas pu quitter Paris.*
• Si le résultat est positif, on utilise : **grâce à** + nom / pronom.
***Grâce à** <u>des amis</u>, j'ai trouvé un appartement.*

▷ Exprimer la conséquence

Leçon 14

Pour expliquer un fait qui résulte d'un autre fait, on utilise :
C'est pour ça que (qu') / donc / alors + phrase.
*Il y a de moins en moins de loups en France, **c'est pour ça qu'**il faut les protéger.*
*Il y a de moins en moins de loups en France, **donc** il faut les protéger.*
*Il y a de moins en moins de loups en France, **alors** il faut les protéger.*

▷ Exprimer l'opposition / la concession

Leçon 23

On exprime l'opposition / la concession avec **mais** quand deux faits de même nature sont rapprochés et qu'on met en évidence une différence ou un paradoxe.
*Je viendrai **mais** je n'ai pas le temps.*

Les modes

L'indicatif Leçons 15 et 19	– Mode du réel. – Comporte : le présent, le futur simple, le futur proche, le passé composé, l'imparfait.
Le subjonctif Leçons 18, 19 et 30	– Mode de ce qui n'est pas encore réalisé, des sentiments, de la nécessité, du souhait. – Comporte : le présent.
Le conditionnel Leçon 19	– Mode de ce qui est imaginé, éventuel. C'est aussi le mode de la politesse. – Comporte : le présent.

La phrase

Leçons 30 et 31

Phrase simple	Phrase complexe
sujet + verbe + complément *Nous souhaitons la préservation des loups.*	sujet + verbe + *que* + sujet + **verbe au subjonctif** *Nous souhaitons qu'il y ait plus de jardins.* sujet + verbe + *parce que* + sujet + verbe à l'indicatif *Nous manifesterons parce que nous réclamons plus d'espaces verts.* infinitive : *on peut* + *venir* + infinitif *On peut venir protester.*

Les niveaux de langue

Leçon 29

	Niveau courant	Niveau familier
Vocabulaire	– S'utilise à l'écrit comme à l'oral dans le milieu scolaire, professionnel, les relations sociales. – Pas de mots spécifiques mais un vocabulaire simple, compris de tous. *Ce n'est pas beau et ça coûte beaucoup d'argent.*	– S'utilise entre amis et à l'oral. – Utilisation de mots familiers. *C'est nul ce truc et ça coûte un fric fou !*
Grammaire	Les règles de grammaire et de construction de la phrase sont respectées. *Ça ne me plaît pas.*	– Les règles de grammaire ne sont pas toujours respectées. – Suppression du *ne (n')* de la négation. – On utilise généralement *on* à la place de *nous*. *Ça me plaît pas !*

Précis de conjugaison

	Être (p. 69)	Avoir (p. 69)	Aller (p. 69)	Faire (p. 69)	Vivre
Présent	je suis tu es il/elle/on est nous sommes vous êtes ils/elles sont	j'ai tu as il/elle/on a nous avons vous avez ils/elles ont	je vais tu vas il/elle/on va nous allons vous allez ils/elles vont	je fais tu fais il/elle/on fait nous faisons vous faites ils/elles font	je vis tu vis il/elle/on vit nous vivons vous vivez ils/elles vivent
Impératif	sois soyons soyez	aie ayons ayez	va allons allez	fais faisons faites	vis vivons vivez
Passé composé	j'ai été tu as été il/elle/on a été nous avons été vous avez été ils/elles ont été	j'ai eu tu as eu il/elle/on a eu nous avons eu vous avez eu ils/elles ont eu	je suis allé(e) tu es allé(e) il/elle est allé(e) nous sommes allé(e)s vous êtes allé(e)s ils/elles sont allé(e)s	j'ai fait tu as fait il/elle/on a fait nous avons fait vous avez fait ils/elles ont fait	j'ai vécu tu as vécu il/elle/on a vécu nous avons vécu vous avez vécu ils/elles ont vécu
Imparfait	j'étais tu étais il/elle/on était nous étions vous étiez ils/elles étaient	j'avais tu avais il/elle/on avait nous avions vous aviez ils/elles avaient	j'allais tu allais il/elle/on allait nous allions vous alliez ils/elles allaient	je faisais tu faisais il/elle/on faisait nous faisions vous faisiez ils/elles faisaient	je vivais tu vivais il/elle/on vivait nous vivions vous viviez ils/elles vivaient
Futur	je serai tu seras il/elle/on sera nous serons vous serez ils/elles seront	j'aurai tu auras il/elle/on aura nous aurons vous aurez ils/elles auront	j'irai tu iras il/elle/on ira nous irons vous irez ils/elles iront	je ferai tu feras il/elle/on fera nous ferons vous ferez ils/elles feront	je vivrai tu vivras il/elle/on vivra nous vivrons vous vivrez ils/elles vivront
Conditionnel présent	je serais tu serais il/elle/on serait nous serions vous seriez ils/elles seraient	j'aurais tu aurais il/elle/on aurait nous aurions vous auriez ils/elles auraient	j'irais tu irais il/elle/on irait nous irions vous iriez ils/elles iraient	je ferais tu ferais il/elle/on ferait nous ferions vous feriez ils/elles feraient	je vivrais tu vivrais il/elle/on vivrait nous vivrions vous vivriez ils/elles vivraient
Subjonctif présent	que je sois que tu sois qu'il/elle/on soit que nous soyons que vous soyez qu'ils/elles soient	que j'aie que tu aies qu'il/elle/on ait que nous ayons que vous ayez qu'ils/elles aient	que j'aille que tu ailles qu'il/elle/on aille que nous allions que vous alliez qu'ils/elles aillent	que je fasse que tu fasses qu'il/elle/on fasse que nous fassions que vous fassiez qu'ils/elles fassent	que je vive que tu vives qu'il/elle/on vive que nous vivions que vous viviez qu'ils/elles vivent

	Payer	S'installer (p. 41)	Choisir (p. 25)	Voir	Vouloir (p. 69)
Présent	je paie/paye tu paies/payes il/elle/on paie/paye nous payons vous payez ils/elles paient/ payent	je m'installe tu t'installes il/elle/on s'installe nous nous installons vous vous installez ils/elles s'installent	je choisis tu choisis il/elle/on choisit nous choisissons vous choisissez ils/elles choisissent	je vois tu vois il/elle/on voit nous voyons vous voyez ils/elles voient	je veux tu veux il/elle/on veut nous voulons vous voulez ils/elles veulent
Impératif	paie/paye payons payez	installe-toi installons-nous installez-vous	choisis choisissons choisissez	vois voyons voyez	 veuillez
Passé composé	j'ai payé tu as payé il/elle/on a payé nous avons payé vous avez payé ils/elles ont payé	je me suis installé(e) tu t'es installé(e) il/elle/on s'est installé(e) nous nous sommes installé(e)s vous vous êtes installé(e)s ils/elles se sont installé(e)s	j'ai choisi tu as choisi il/elle/on a choisi nous avons choisi vous avez choisi ils/elles ont choisi	j'ai vu tu as vu il/elle/on a vu nous avons vu vous avez vu ils/elles ont vu	j'ai voulu tu as voulu il/elle/on a voulu nous avons voulu vous avez voulu ils/elles ont voulu
Imparfait	je payais tu payais il/elle/on payait nous payions vous payiez ils/elles payaient	je m'installais tu t'installais il/elle/on s'installait nous nous installions vous vous installiez ils/elles s'installaient	je choisissais tu choisissais il/elle/on choisissait nous choisissions vous choisissiez ils/elles choisissaient	je voyais tu voyais il/elle/on voyait nous voyions vous voyiez ils/elles voyaient	je voulais tu voulais il/elle/on voulait nous voulions vous vouliez ils/elles voulaient
Futur	je paierai tu paieras il/elle/on paiera nous paierons vous paierez ils/elles paieront	je m'installerai tu t'installeras il/elle/on s'installera nous nous installerons vous vous installerez ils/elles s'installeront	je choisirai tu choisiras il/elle/on choisira nous choisirons vous choisirez ils/elles choisiront	je verrai tu verras il/elle/on verra nous verrons vous verrez ils/elles verront	je voudrai tu voudras il/elle/on voudra nous voudrons vous voudrez ils/elles voudront
Conditionnel présent	je paierais tu paierais il/elle/on paierait nous paierions vous paieriez ils/elles paieraient	je m'installerais tu t'installerais il/elle/on s'installerait nous nous installerions vous vous installeriez ils/elles s'installeraient	je choisirais tu choisirais il/elle/on choisirait nous choisirions vous choisiriez ils/elles choisiraient	je verrais tu verrais il/elle/on verrait nous verrions vous verriez ils/elles verraient	je voudrais tu voudrais il/elle/on voudrait nous voudrions vous voudriez ils/elles voudraient
Subjonctif présent	que je paie/paye que tu paies/payes qu'il/elle/on paie/paye que nous payions que vous payiez qu'ils/elles paient/payent	que je m'installe que tu t'installes qu'il/elle/on s'installe que nous nous installions que vous vous installiez qu'ils/elles s'installent	que je choisisse que tu choisisses qu'il/elle/on choisisse que nous choisissions que vous choisissiez qu'ils/elles choisissent	que je voie que tu voies qu'il/elle/on voie que nous voyions que vous voyiez qu'ils/elles voient	que je veuille que tu veuilles qu'il/elle/on veuille que nous voulions que vous vouliez qu'ils/elles veuillent

Précis de conjugaison

	S'inscrire	Savoir (p. 25, 69)	Connaître (p. 25)	Dire (p. 25)	Comprendre (p. 25)
Présent	je m'inscris tu t'inscris il/elle/on s'inscrit nous nous inscrivons vous vous inscrivez ils/elles s'inscrivent	je sais tu sais il/elle/on sait nous savons vous savez ils/elles savent	je connais tu connais il/elle/on connaît nous connaissons vous connaissez ils/elles connaissent	je dis tu dis il/elle/on dit nous disons vous dites ils/elles disent	je comprends tu comprends il/elle/on comprend nous comprenons vous comprenez ils/elles comprennent
Impératif	inscris-toi inscrivons-nous inscrivez-vous	sache sachons sachez	connais connaissons connaissez	dis disons dites	comprends comprenons comprenez
Passé composé	je me suis inscrit(e) tu t'es inscrit(e) il/elle/on s'est inscrit(e) nous nous sommes inscrit(e)s vous vous êtes inscrit(e)s ils/elles se sont inscrit(e)s	j'ai su tu as su il/elle/on a su nous avons su vous avez su ils/elles ont su	j'ai connu tu as connu il/elle/on a connu nous avons connu vous avez connu ils/elles ont connu	j'ai dit tu as dit il/elle/on a dit nous avons dit vous avez dit ils/elles ont dit	j'ai compris tu as compris il/elle/on a compris nous avons compris vous avez compris ils/elles ont compris
Imparfait	je m'inscrivais tu t'inscrivais il/elle/on s'inscrivait nous nous inscrivions vous vous inscriviez ils/elles s'inscrivaient	je savais tu savais il/elle/on savait nous savions vous saviez ils/elles savaient	je connaissais tu connaissais il/elle/on connaissait nous connaissions vous connaissiez ils/elles connaissaient	je disais tu disais il/elle/on disait nous disions vous disiez ils/elles disaient	je comprenais tu comprenais il/elle/on comprenait nous comprenions vous compreniez ils/elles comprenaient
Futur	je m'inscrirai tu t'inscriras il/elle/on s'inscrira nous nous inscrirons vous vous inscrirez ils/elles s'inscriront	je saurai tu sauras il/elle/on saura nous saurons vous saurez ils/elles sauront	je connaîtrai tu connaîtras il/elle/on connaîtra nous connaîtrons vous connaîtrez ils/elles connaîtront	je dirai tu diras il/elle/on dira nous dirons vous direz ils/elles diront	je comprendrai tu comprendras il/elle/on comprendra nous comprendrons vous comprendrez ils/elles comprendront
Conditionnel présent	je m'inscrirais tu t'inscrirais il/elle/on s'inscrirait nous nous inscririons vous vous inscririez ils/elles s'inscriraient	je saurais tu saurais il/elle/on saurait nous saurions vous sauriez ils/elles sauraient	je connaîtrais tu connaîtrais il/elle/on connaîtrait nous connaîtrions vous connaîtriez ils/elles connaîtraient	je dirais tu dirais il/elle/on dirait nous dirions vous diriez ils/elles diraient	je comprendrais tu comprendrais il/elle/on comprendrait nous comprendrions vous comprendriez ils/elles comprendraient
Subjonctif présent	que je m'inscrive que tu t'inscrives qu'il/elle/on s'inscrive que nous nous inscrivions que vous vous inscriviez qu'ils/elles s'inscrivent	que je sache que tu saches qu'il/elle/on sache que nous sachions que vous sachiez qu'ils/elles sachent	que je connaisse que tu connaisses qu'il/elle/on connaisse que nous connaissions que vous connaissiez qu'ils/elles connaissent	que je dise que tu dises qu'il/elle/on dise que nous disions que vous disiez qu'ils/elles disent	que je comprenne que tu comprennes qu'il/elle/on comprenne que nous comprenions que vous compreniez qu'ils/elles comprennent

	Attendre (p. 25)	Pouvoir (p. 69)	Courir	Peindre	Venir
Présent	j'attends tu attends il/elle/on attend nous attendons vous attendez ils/elles attendent	je peux tu peux il/elle/on peut nous pouvons vous pouvez ils/elles peuvent	je cours tu cours il/elle/on court nous courons vous courez ils/elles courent	je peins tu peins il/elle/on peint nous peignons vous peignez ils/elles peignent	je viens tu viens il/elle/on vient nous venons vous venez ils/elles viennent
Impératif	attends attendons attendez	– – –	cours courons courez	peins peignons peignez	viens venons venez
Passé composé	j'ai attendu tu as attendu il/elle/on a attendu nous avons attendu vous avez attendu ils/elles ont attendu	j'ai pu tu as pu il/elle/on a pu nous avons pu vous avez pu ils/elles ont pu	j'ai couru tu as couru il/elle/on a couru nous avons couru vous avez couru ils/elles ont couru	j'ai peint tu as peint il/elle/on a peint nous avons peint vous avez peint ils/elles ont peint	je suis venu(e) tu es venu(e) il/elle/on est venu(e) nous sommes venu(e)s vous êtes venu(e)s ils/elles sont venu(e)s
Imparfait	j'attendais tu attendais il/elle/on attendait nous attendions vous attendiez ils/elles attendaient	je pouvais tu pouvais il/elle/on pouvait nous pouvions vous pouviez ils/elles pouvaient	je courais tu courais il/elle/on courait nous courions vous couriez ils/elles couraient	je peignais tu peignais il/elle/on peignait nous peignions vous peigniez ils/elles peignaient	je venais tu venais il/elle/on venait nous venions vous veniez ils/elles venaient
Futur	j'attendrai tu attendras il/elle/on attendra nous attendrons vous attendrez ils/elles attendront	je pourrai tu pourras il/elle/on pourra nous pourrons vous pourrez ils/elles pourront	je courrai tu courras il/elle/on courra nous courrons vous courrez ils/elles courront	je peindrai tu peindras il/elle/on peindra nous peindrons vous peindrez ils/elles peindront	je viendrai tu viendras il/elle/on viendra nous viendrons vous viendrez ils/elles viendront
Conditionnel présent	j'attendrais tu attendrais il/elle/on attendrait nous attendrions vous attendriez ils/elles attendraient	je pourrais tu pourrais il/elle/on pourrait nous pourrions vous pourriez ils/elles pourraient	je courrais tu courrais il/elle/on courrait nous courrions vous courriez ils/elles courraient	je peindrais tu peindrais il/elle/on peindrait nous peindrions vous peindriez ils/elles peindraient	je viendrais tu viendrais il/elle/on viendrait nous viendrions vous viendriez ils/elles viendraient
Subjonctif présent	que j'attende que tu attendes qu'il/elle/on attende que nous attendions que vous attendiez qu'ils/elles attendent	que je puisse que tu puisses qu'il/elle/on puisse que nous puissions que vous puissiez qu'ils/elles puissent	que je coure que tu coures qu'il/elle/on coure que nous courions que vous couriez qu'ils/elles courent	que je peigne que tu peignes qu'il/elle/on peigne que nous peignions que vous peigniez qu'ils/elles peignent	que je vienne que tu viennes qu'il/elle/on vienne que nous venions que vous veniez qu'ils/elles viennent

Lexique

Leçon	Français	Allemand	Anglais	Espagnol	Portugais	Russe
L6	à pied	zu Fuß	on foot	a pie	a pé	пешком
L30	à temps partiel	in Teilzeit	part-time	a tiempo parcial	a tempo parcial	с неполной занятостью
L7	absolument (adv.)	absolut (Adv.)	absolutely (adv.)	absolutamente	absolutamente (adv.)	абсолютно (нар.)
L31	accès (un)	Zutritt (ein)	entrance	acceso (un)	acesso (um)	доступ
L25	accessoires (les)	Zubehör (das)	utensils	utensilios (los)	utensílios (os)	принадлежности
L7	acquiescement (un)	Zustimmung (eine)	acquiescence	consentimiento	consentimento (um)	согласие
L19	activités domestiques (les)	Hausarbeit (die)	household chores	tareas domésticas (las)	actividades domésticas (as)	домашние занятия
L25	actuel(le) (adj.)	aktuell (Adj.)	current (adj.)	actual	actual (adj.)	актуальный(ая) (прил.)
L13	agréable (adj.)	angenehm (Adj.)	pleasant (adj.)	agradable	agradável (adj.)	приятный(ая) (прил.)
L1	aïkido (l')	Aikido (das)	aikido	aikido (el)	aiquidô (o)	айкидо
L2	alcool (l')	Alkohol (der)	alcohol	alcohol (el)	álcool (o)	алкоголь
L30	alerter (v.)	warnen (V.)	to alert (v.)	avisar	alertar (v.)	оповещать (гл.)
L23	aménagement (l')	Einrichtung (die)	layout	acondicionamiento (el)	disposição (a)	обустройство
L23	aménager (v.)	einrichten (V.)	to lay out (v.)	acondicionar	dispor (v.)	обустраивать (гл.)
L29	amusant(e) (adj.)	lustig (Adj.)	amusing (adj.)	divertido(a)	divertido(a) (adj.)	забавный(ая) (прил.)
L15	animaux (les)	Tiere (die)	animals	animales (los)	animais (os)	животные
L15	animaux domestiques (les)	Haustiere (die)	pets	animales domésticos (los)	animais domésticos (os)	домашние животные
L15	animaux sauvages (les)	Wildtiere (die)	wild animals	animales salvajes (los)	animais selvagens (os)	дикие животные
L1	année prochaine (l')	nächste Jahr (das)	next year	próximo año (el)	próximo ano (o)	следующий год
L13	annoncer (une nouvelle) (v.)	ankündigen (eine Neuigkeit) (V.)	to announce (a piece of news) (v.)	anunciar (una noticia)	dar (uma notícia) (v.)	объявлять (новость) (гл.)
L25	appareil (un)	Apparat (ein)	appliance	aparato (un)	aparelho (um)	аппарат
L26	appareil photo (un)	Fotoapparat (ein)	camera	máquina de fotos (una)	máquina fotográfica (uma)	фотоаппарат
L6	appartement (un)	Wohnung (eine)	flat	apartamento (un)	apartamento (um)	квартира
L26	application (une)	Anwendung (eine)	application	aplicación (una)	aplicação (uma)	приложение
L13	arbre (un)	Baum (ein)	tree	árbol (un)	árvore (uma)	дерево
L31	architecture (l')	Architektur (die)	architecture	arquitectura (la)	arquitectura (a)	архитектура
L3	argent (l')	Geld (das)	money	dinero (el)	dinheiro (o)	серебро
L18	arriver en retard	zu spät kommen	to arrive late	llegar con retraso	chegar atrasado(a)	опаздывать
L10	art (l')	Kunst (die)	art	arte (el)	arte (a)	искусство
L10	artiste (un / une)	Künstler/in (ein/eine)	artist	artista (un/una)	artista (um/uma)	артист(ка)
L10	artistique (adj.)	künstlerisch (Adj.)	artistic (adj.)	artístico	artístico(a) (adj.)	художественный (прил.)
L2	ascenseur (l')	Fahrstuhl (der)	lift (a)	ascensor (el)	elevador (o)	лифт
L17	aspirateur (un)	Staubsauger (ein)	vacuum cleaner	aspiradora (una)	aspirador (um)	пылесос
L31	assez (adv.)	genug (Adv.)	enough (adv.)	bastante	bastante (adv.)	достаточно (нар.)
L21	assiette (une)	Teller (ein)	plate	plato (un)	prato (um)	тарелка
L3	association (une)	Verein (ein)	association	asociación (una)	associação (uma)	ассоциация
L10	atelier (un)	Workshop (ein)	workshop	taller (un)	ateliê (um)	ателье
L17	attitude (l')	Haltung (die)	attitude	actitud (la)	atitude (a)	отношение
L7	avenue (l')	Straße (die)	avenue	avenida (la)	avenida (a)	авеню
L17	avoir l'air (loc. v.)	aussehen (V.)	to seem (v.)	parecer	parecer (v.)	иметь вид
L2	avoir mal à (loc. v.)	Schmerzen haben (V.)	to have a sore... (v.)	dolerle a uno	doer (v.)	испытывать боль
L7	baignoire (une)	Badewanne (eine)	bathtub	bañera (una)	banheira (uma)	ванна
L6	balcon (un)	Balkon (ein)	balcony	balcón (un)	varanda (uma)	балкон
L25	basique (adj.)	grundlegend (Adj.)	basic (adj.)	básico(a)	básico(a) (adj.)	основной (прил.)
L31	bénéficier de (v.)	profitieren von (V.)	to benefit from (v.)	beneficiarse de (v.)	beneficiar de (v.)	пользоваться (гл.)
L3	bénévolat (le)	ehrenamtliche Tätigkeit (die)	volunteering	voluntariado (el)	voluntariado (o)	добровольная работа
L15	berger(ère) (un / une)	Hirte/Hirtin (der/die)	shepherd(ess)	pastor(a) (un/una)	pastor(a) (um/uma)	пастух (пастушка)
L2	bien-être (le)	Wohlbefinden (das)	well-being	bienestar (el)	bem-estar (o)	благосостояние
L15	biodiversité (la)	Biodiversität (die)	biodiversity	biodiversidad (la)	biodiversidade (a)	биологическое разнообразие
L31	bloc (un)	Block (ein)	block	bloque (un)	bloco (um)	блок
L7	boulevard (le)	Boulevard (der)	boulevard	bulevar (el)	avenida (a)	бульвар
L29	boulot (un)	Arbeit (eine)	job	trabajo (un)	trabalho (um)	работа
L15	bouquetin (un)	Steinbock (ein)	mountain goat	cabra montés (una)	cabrito-montês (um)	каменный баран

Leçon	Français	Allemand	Anglais	Espagnol	Portugais	Russe
L15	brebis (une)	Schaf (ein)	ewe	cabra (una)	ovelha (uma)	овца
L1	brioche (une)	Hefekuchen (ein)	brioche	bollo de leche (un)	brioche (um)	булочка
L9	bruit (le)	Lärm (der)	noise	ruido (el)	barulho (o)	шум
L21	bureau (un)	Schreibtisch (ein)	desk	escritorio (un)	secretária (uma)	письменный стол
L11	cabinet d'avocats (un)	Anwaltskanzlei (eine)	a law firm	bufete de abogados (un)	gabinete de advogados (um)	адвокатская контора
L21	cadre de vie (le)	Umfeld (das)	living environment	entorno de vida (el)	quadro de vida (o)	среда обитания
L22	calme (adj.)	ruhig (Adj.)	calm (adj.)	tranquilo(a)	calmo(a) (adj.)	спокойный(ая) (прил.)
L13	campagne (la)	Land (das)	countryside (the)	campo (el)	campo (o)	сельская местность
L21	canapé (un)	Couch (eine)	sofa	sofá (un)	sofá (um)	канапе
L7	canapé-lit (un)	Schlafcouch (eine)	sofa bed	sofá cama (un)	sofá-cama (um)	диван-кровать
L18	candidat(e) (un / une)	Bewerber/in (ein/eine)	job applicant	candidato(a) (un/una)	candidato(a) (um/uma)	кандидат(ка)
L25	carré(e) (adj.)	viereckig (Adj.)	square (adj.)	cuadrado(a)	quadrado(a) (adj.)	квадратный(ая) (прил.)
L11	carrière (une)	Karriere (eine)	career	carrera (una)	carreira (uma)	карьера
L5	case (une)	Fach (ein)	box	casilla (una)	caixa (uma)	ячейка
L30	CDD (contrat à durée déterminée) (un)	befristeter Arbeitsvertrag (ein)	fixed-term contract (a)	CDD (un)	contrato a termo certo (um)	срочный трудовой договор
L30	CDI (contrat à durée indéterminée) (un)	unbefristeter Arbeitsvertrag (ein)	open-ended contract (an)	CDI (un)	contrato a termo incerto (um)	бессрочный трудовой договор
L6	centre-ville (le)	Zentrum (das)	town centre	centro urbano (el)	baixa (a)	центр города
L15	cerf (un)	Hirsch (ein)	deer	ciervo (un)	veado (um)	олень
L19	certitude (une)	Gewissheit (eine)	certainty (a)	certeza (una)	certeza (uma)	уверенность
L7	chaise (une)	Stuhl (ein)	chair	silla (una)	cadeira (uma)	стул
L23	chaise longue (une)	Liegestuhl (ein)	chaise-longue	diván (un)	chaise longue (uma)	шезлонг
L6	chambre (une)	Zimmer (ein)	room	habitación (una)	quarto (um)	комната
L15	chamois (un)	Gams (eine)	chamois	gamuza (una)	camurça (uma)	замша
L11	changement (un)	Wechsel (ein)	change	cambio (un)	mudança (uma)	перемена
L11	changer (v.)	wechseln (V.)	to change (v.)	cambiar	mudar (v.)	изменять (гл.)
L23	chantier (un)	Baustelle (eine)	worksite	obra (una)	obra (uma)	строительная площадка
L15	chat (un)	Katze (eine)	cat	gato (un)	gato (um)	кот
L21	cheminée (une)	Kamin (ein)	fireplace	chimenea (una)	lareira (uma)	дымовая труба
L18	chercher (un emploi) (v.)	suchen (eine Arbeitsstelle) (V.)	to look for (a job) (v.)	buscar (trabajo)	procurar (um emprego) (v.)	искать (работу) (гл.)
L15	chien (un)	Hund (ein)	dog	perro (un)	cão (um)	собака
L7	choix (un)	Wahl (die)	choice	elección (una)	escolha (uma)	выбор
L30	chômage (le)	Arbeitslosigkeit (die)	unemployment	paro (el)	desemprego (o)	безработица
L18	chômeur(euse) (un / une)	Arbeitsloser/ Arbeitslose (der/die)	unemployed person	parado(a) (un/una)	desempregado(a) (um/ uma)	безработный(ая)
L10	chronologie (la)	Chronologie (die)	chronology	cronología (la)	cronologia (a)	хронология
L3	citoyen(ne) (adj.)	bürgerlich (Adj.)	civic (adj.)	urbano(a)	cívico(a) (adj.)	гражданский (прил.)
L22	citoyen(ne) (un / une)	Bürger/in (ein/eine)	citizen	ciudadano(a) (un/una)	cidadão(ã) (um/uma)	гражданин / гражданка
L6	clair(e) (adj.)	klar (Adj.)	clear (adj.)	claro (a)	claro(a) (adj.)	ясный(ая) (прил.)
L14	climat (le)	Klima (das)	climate	clima (el)	clima (o)	климат
L7	climatisation (la) (clim)	Klimaanlage (die)	air conditioning (AC)	climatización (la)	ar condicionado (o)	кондиционирование
L5	cliquer sur (v.)	anklicken (V.)	to click on (v.)	hacer clic en	clicar em (v.)	щелкать по (гл.)
L18	coiffure (une)	Frisur (eine)	hairstyle	peinado (un)	penteado (um)	прическа
L21	colocataire (un / une)	Mitbewohner/in (ein/ eine)	flatmate	compañero(a) de piso (un/una)	co-inquilino(a) (um/ uma)	сосед(ка) по дому
L19	combattre (v.)	kämpfen (V.)	to fight (v.)	luchar	combater (v.)	воевать (гл.)
L9	commentaire (un)	Kommentar (ein)	comment	comentario (un)	comentário (um)	комментарий
L6	commerce (un)	Geschäft (ein)	shop	comercio (un)	comércio (um)	торговая точка
L18	compétence (une)	Kompetenz (eine)	skill	competencia (una)	competência (uma)	компетенция
L5	compléter (v.)	ergänzen (V.)	to complete (v.)	completar	completar (v.)	заполнять
L5	compliqué(e) (adj.)	kompliziert (Adj.)	complicated (adj.)	complicado(a)	complicado(a) (adj.)	сложный(ая) (прил.)
L18	comportement (le)	Verhalten (das)	behaviour	comportamiento (el)	comportamento (o)	поведение
L21	confort (le)	Komfort (der)	comfort	confort (el)	conforto (o)	комфорт
L7	congélateur (un)	Gefrierschrank (ein)	freezer	congelador (un)	congelador (um)	морозильник
L5	connexion (une)	Verbindung (eine)	connection	conexión (una)	ligação (uma)	подключение

137

Lexique

Leçon	Français	Allemand	Anglais	Espagnol	Portugais	Russe
L2	conseil (un)	Rat (ein)	piece of advice	consejo (un)	conselho (um)	совет
L14	consommation d'énergie (la)	Energieverbrauch (der)	energy consumption	consumo de energía (el)	consumo de energia (o)	потребление энергии
L29	contemporain(e) (adj.)	zeitgenössisch (Adj.)	contemporary (adj.)	contemporáneo(a)	contemporâneo(a) (adj.)	современный(ая) (прил.)
L22	content(e) (adj.)	zufrieden (Adj.)	happy (adj.)	contento(a)	contente (adj.)	довольный(ая) (прил.)
L7	continuer (v.)	fortfahren (V.)	to continue (v.)	continuar	continuar (v.)	продолжать (гл.)
L18	correctement (adv.)	richtig (Adv.)	correctly (adv.)	correctamente	correctamente (adv.)	правильно (прил.)
L17	couramment (adv.)	fließend (Adv.)	fluently (adv.)	corrientemente	fluentemente (adv.)	бегло (нар.)
L21	couverts (les)	Besteck (das)	cutlery	cubiertos (los)	talheres (os)	столовые приборы
L10	création (une)	Kreation (eine)	creation	creación (una)	criação (uma)	творение
L10	créer (v.)	schaffen (V.)	to create (v.)	crear	criar (v.)	создавать (гл.)
L30	crise (la)	Krise (die)	crisis	crisis (la)	crise (a)	кризис
L19	croire (v.)	glauben (V.)	to believe (v.)	creer	acreditar (v.)	верить (гл.)
L18	croiser (les bras / les jambes) (v.)	kreuzen (die Arme, Beine) (V.)	to cross (one's arms/legs) (v.)	cruzar (los brazos/las piernas	cruzar (os braços/as pernas) (v.)	скрещивать (руки / ноги) (гл.)
L6	cuisine (la)	Küche (die)	kitchen	cocina (la)	cozinha (a)	кухня
L6	cuisine équipée (une)	voll ausgestattete Küche (eine)	fully-equipped kitchen	cocina equipada (una)	cozinha equipada (uma)	оснащенная кухня
L6	cuisine indépendante (une)	separate Küche (eine)	separate kitchen	cocina independiente (una)	cozinha independente (uma)	отдельная кухня
L7	cuisinière (une)	Küchenherd (ein)	stove	cocina (una)	fogão (um)	плита
L17	CV (curriculum vitæ) (un)	Lebenslauf (ein)	CV (curriculum vitae)	CV (currículum vítae) (un)	CV (curriculum vitae) (um)	резюме
L22	de bonne humeur (être)	gut gelaunt (sein)	in a good mood (to be)	de buen humor (estar)	bem-disposto(a) (estar)	в хорошем настроении (быть)
L22	de mauvaise humeur (être)	schlecht gelaunt (sein)	in a bad mood (to be)	de mal humor (estar)	maldisposto(a) (estar)	в плохом настроении (быть)
L11	décider de (v.)	entscheiden (V.)	to decide to (v.)	decidir	decidir (v.)	решать (гл.)
L21	décoration (la)	Dekoration (die)	decor	decoración (la)	decoração (a)	украшение
L31	découverte (une)	Entdeckung (eine)	discovery (a)	descubrimiento (un)	descoberta (uma)	открытие
L31	découvrir (v.)	entdecken (V.)	to discover (v.)	descubrir	descobrir (v.)	открывать (гл.)
L13	décrocher (un job) (v.)	angeln (einen Job) (V.)	to get (a job) (v.)	conseguir (un trabajo)	conseguir (um trabalho) (v.)	получать (работу) (гл.)
L20	dehors (adv.)	draußen (Adv.)	outside (adv.)	fuera	fora (adv.)	вне (нар.)
L23	délirant(e) (adj.)	wahnsinnig (Adj.)	crazy (adj.)	delirante	delirante (adj.)	бредовый (прил.)
L30	demander (v.)	fragen (V.)	to ask (v.)	pedir	pedir (v.)	просить (гл.)
L18	demandeur(euse) d'emploi (un / une)	Arbeitssuchender/ Arbeitssuchende (ein/eine)	jobseeker	solicitante de empleo (un/una)	candidato(a) a emprego (um/uma)	соискатель(ница) работы
L31	départ (le)	Abfahrt (die)	departure	salida (la)	partida (a)	отправление
L9	description (une)	Beschreibung (eine)	description	descripción (una)	descrição (uma)	описание
L25	design (adj.)	Designer (Adj.)	stylish (adj.)	de diseño	design (adj.)	дизайнерский (прил.)
L25	désigner (v.)	bezeichnen (V.)	to design (v.)	designar	designar (v.)	проектировать (гл.)
L21	désordre (le)	Unordnung (die)	mess	desorden (el)	desarrumação (a)	беспорядок
L10	devenir fou (folle)	verrückt werden	to go mad	volverse loco(a)	enlouquecer (v.)	сходить с ума
L2	devoir (v.)	müssen (V.)	to have to (v.)	deber	dever (v.)	быть должным (гл.)
L30	dialogue social (le)	soziale Dialog (der)	labour negotiations	diálogo social (el)	diálogo social (o)	социальное партнерство
L31	digue (une)	Damm (ein)	dyke	dique (un)	dique (um)	дамба
L14	diminuer (v.)	abnehmen (V.)	to diminish (v.)	disminuir	diminuir (v.)	уменьшать (гл.)
L22	discipliné(e) (adj.)	diszipliniert (Adj.)	disciplined (adj.)	disciplinado(a)	disciplinado(a) (adj.)	дисциплинированный(ая) (прил.)
L23	discours (le)	Rede (die)	message	discurso (el)	discurso (o)	речь
L30	discuter (v.)	diskutieren (V.)	to discuss (v.)	discutir	conversar (v.)	обсуждать (гл.)
L2	donner (v.)	geben (V.)	to give (v.)	dar	dar (v.)	давать (гл.)
L29	donner son avis	seine Meinung mitteilen	to give one's opinion	dar su opinión	dar a sua opinião	высказывать свое мнение
L17	doucement (adv.)	langsam (Adv.)	gently (adv.)	suavemente	devagar (adv.)	осторожно(прил.)
L7	douche (une)	Dusche (eine)	shower	ducha (una)	duche (um)	душ
L22	droit (un)	Recht (ein)	right	derecho (un)	direito (um)	право

Leçon	Français	Allemand	Anglais	Espagnol	Portugais	Russe
L30	droit du travail (le)	Arbeitsrecht (das)	labour law	derecho laboral (el)	direito do trabalho (o)	трудовое право
L22	droits de l'homme (les)	Menschenrechte (die)	human rights	derechos humanos (los)	direitos humanos (os)	права человека
L19	écart de salaire (un)	Lohnabweichung (eine)	salary difference	diferencia salarial (una)	disparidade salarial (uma)	расхождение в зарплате
L14	écologie (l')	Ökologie (die)	ecology	ecología (la)	ecologia (a)	экология
L14	économiser l'énergie	Energie einsparen	to save energy	ahorrar energía	poupar energia	экономить энергию
L15	écosystème (l')	Ökosystem (das)	ecosystem	ecosistema (el)	ecossistema (o)	экосистема
L27	écran tactile (un)	Touchscreen (ein)	touch screen	pantalla táctil (una)	ecrã táctil (um)	сенсорный дисплей
L26	écrit (l')	Schriftstück (das)	writing	escrito (el)	escrita (a)	письменный документ
L10	écrivain(e) (un / une)	Schriftsteller/in (ein/eine)	writer	escritor(a) (un/una)	escritor(a) (um/uma)	писатель(ница)
L22	éducation (l')	Erziehung (die)	education	educación (la)	educação (a)	обучение
L22	égal(e) (adj.)	gleich (Adj.)	equal (adj.)	igual	igual (adj.)	равный(ая) (прил.)
L19	égalité (l')	Gleichheit (die)	equality	igualdad (la)	igualdade (a)	равенство
L25	électrique (adj.)	elektrisch (Adj.)	electric (adj.)	eléctrico(a)	eléctrico(a) (adj.)	электрический (прил.)
L25	électroménager (l')	Elektrohaushaltsgerät	electrical appliances	electrodoméstico (el)	electrodoméstico (o)	электробытовой
L25	électronique (adj.)	elektronisch (Adj.)	electronic (adj.)	electrónico(a)	electrónico(a) (adj.)	электронный (прил.)
L9	éléphant (un)	Elefant (ein)	elephant	elefante (un)	elefante (um)	слон
L15	éleveur (un)	Züchter (ein)	livestock farmer	ganadero (un)	criador(a) (um/uma)	животновод
L18	emploi (l')	Stelle (die)	employment	empleo (el)	emprego (o)	должность
L30	emploi précaire (un)	prekäre Beschäftigung (eine)	precarious work	empleo precario (un)	emprego precário (um)	временная работа
L25	en métal	aus Metall	made of metal	de metal	de metal	из металла
L25	en plastique	aus Plastik	made of plastic	de plástico	de plástico	из пластмассы
L23	en profiter	daraus Nutzen ziehen	to take advantage of	aprovecharse	aproveitar (v.)	воспользоваться
L25	en verre	aus Glas	made of glass	de cristal	de vidro	из стекла
L23	endroit (un)	Ort (ein)	place	lugar (un)	lugar (um)	место
L14	énergie (l')	Energie (die)	energy	energía (la)	energia (a)	энергия
L14	énergies fossiles (les)	fossile Energien (die)	fossil fuels	energías fósiles (las)	energias fósseis (as)	ископаемые источники энергии
L14	énergies renouvelables (les)	erneuerbaren Energien (die)	renewable energies	energías renovables (las)	energias renováveis (as)	возобновляемые источники энергии
L3	engagement (l')	Engagement (das)	commitment	compromiso (el)	compromisso (o)	обязательство
L26	enregistrer (v.)	speichern (V.)	to save (v.)	registrar	gravar (v.)	записывать (гл.)
L11	entreprise (une)	Unternehmen (ein)	company	empresa (una)	empresa (uma)	предприятие
L17	entretien d'embauche (un)	Vorstellungsgespräch (ein)	job interview	entrevista de trabajo (una)	entrevista de emprego (uma)	собеседование при приеме на работу
L14	environnement (l')	Umwelt (die)	environment	medioambiente (el)	ambiente (o)	окружающая среда
L7	équipement (un)	Einrichtung (eine)	fitting	equipamiento (un)	equipamento (um)	оборудование
L1	équitation (l')	Reiten (das)	horse riding	equitación (la)	equitação (a)	конный спорт
L2	escaliers (les)	Treppen (die)	stairs (the)	escaleras (las)	escadas (as)	лестницы
L23	espace (un)	Raum (ein)	space	espacio (un)	espaço (um)	место
L6	est (l')	Osten (der)	East (the)	este (el)	este (o)	Восток
L6	étage (l')	Etage (die)	floor (the)	piso (el)	andar (o)	этаж
L21	étagère (une)	Regal (ein)	shelf	estantería (una)	prateleira (uma)	стеллаж
L9	étonnant(e) (adj.)	erstaunlich (Adj.)	astonishing (adj.)	sorprendente	surpreendente (adj.)	удивительный(ая) (прил.)
L18	être à l'aise	sich wohl fühlen	to be at ease	estar cómodo(a)	estar à vontade	чувствовать себя комфортно
L18	être à l'écoute	für jdn. da sein	to be listening	estar a la escucha	estar atento(a)	слушать
L19	être certain(e) que	sicher sein, dass	to be certain that	estar seguro(a) de que	ter a certeza de que	быть уверенным(ой), что
L31	être constitué(e) de	bestehen aus	to be made up of	estar constituido(a) por	ser constituído(a) por	состоять из
L27	être équipé(e) de	ausgerüstet sein mit	to be equipped with	estar equipado(a) con	estar equipado(a) com	быть оборудованным(ой)
L2	être / ne pas être bien	sich wohlfühlen/sich nicht wohlfühlen	to be/not be in good form	estar/no estar bien	estar/não estar bem	быть / не быть в норме
L2	être / ne pas être en forme	in Form sein/nicht in Form sein	to be/not be in good shape	estar/no estar en forma	estar/não estar em forma	быть / не быть в форме
L3	être responsable	verantwortlich sein	to be responsible	ser responsable	ser responsável	быть ответственным

Lexique

Leçon	Français	Allemand	Anglais	Espagnol	Portugais	Russe
L19	être sûr(e) que	sicher sein, dass	to be sure that	estar seguro(a) de que	ter a certeza de que	быть уверенным(ой), что
L22	êtres humains (les)	Menschen (die)	human beings	seres humanos (los)	seres humanos (os)	люди
L9	événement (un)	Ereignis (ein)	event	evento (un)	acontecimento (um)	событие
L2	éviter (v.)	vermeiden (V.)	to avoid (v.)	evitar	evitar (v.)	избегать (гл.)
L23	évoluer (v.)	entwickeln (V.)	to evolve (v.)	evolucionar	evoluir (v.)	развиваться (гл.)
L23	évolutif (tive) (adj.)	erweiterbar (Adj.)	progressive / scalable (adj.)	evolutivo(a)	evolutivo(a) (adj.)	эволюционный(ая) (прил.)
L23	évolution (une)	Entwicklung (eine)	change	evolución (una)	evolução (uma)	эволюция
L31	évoquer (v.)	erwähnen (V.)	to evoke (v.)	evocar	evocar (v.)	ссылаться на (гл.)
L8	excusez-moi	entschuldigen Sie	excuse me	discúlpeme	peço desculpa	извините меня
L30	exiger (v.)	fordern (V.)	to demand (v.)	exigir	exigir (v.)	требовать (гл.)
L21	exposer (v.)	ausstellen (V.)	to exhibit (v.)	exponer	expor (v.)	излагать (гл.)
L6	exposition (une)	Ausstellung (eine)	exhibition	exposición (una)	exposição (uma)	выставка
L30	expulsion (une)	Ausweisung (eine)	expulsion	expulsión (una)	expulsão (uma)	исключение
L9	extraordinaire (adj.)	außergewöhnlich (Adj.)	extraordinary (adj.)	extraordinario(a)	extraordinário(a) (adj.)	чрезвычайный (прил.)
L19	faire des efforts	sich bemühen	to make an effort	esforzarse	fazer esforços	прилагать усилия
L21	faire le ménage	sauber machen	to do the cleaning	limpiar la casa	fazer a limpeza	убирать жилье
L1	faire un régime	eine Diät machen	to diet	hacer régimen	seguir uma dieta	соблюдать режим
L5	faire une recherche	eine Recherche durchführen	to search	buscar	fazer uma pesquisa	вести изыскания
L2	falloir (v.)	müssen (V.)	to have to (v.)	ser necesario	ser preciso (v.)	долженствовать (гл.)
L9	fantastique (adj.)	fantastisch (Adj.)	fantastic (adj.)	fantástico(a)	fantástico(a) (adj.)	фантастический(ая) (прил.)
L30	fatalité (la)	Schicksal (das)	destiny	fatalidad (la)	fatalidade (a)	фатальность
L15	faune (la)	Fauna (die)	fauna	fauna (la)	fauna (a)	фауна
L7	fauteuil (un)	Sessel (ein)	armchair	sillón (un)	poltrona (uma)	кресло
L1	fitness (le)	Fitness (die)	fitness	fitness (el)	fitness (o)	фитнес
L15	fleur (une)	Blume (eine)	flower	flor (una)	flor (uma)	цветок
L15	flore (la)	Flora (die)	flora	flora (la)	flora (a)	флора
L10	folie (la)	Verrücktheit (die)	madness	locura (la)	loucura (a)	безумие
L26	fonction (la)	Funktion (die)	function	función (la)	função (a)	функция
L26	fonctionnalité (une)	Funktionalität (eine)	functionality	función (una)	funcionalidade (uma)	функциональность
L1	foot (le)	Fußball (der)	football	fútbol (el)	futebol (o)	футбол
L25	formes (les)	Formen (die)	shapes	formas (las)	formas (as)	формы
L10	fou (folle) (adj.)	verrückt (Adj.)	mad	loco(a)	louco(a) (adj.)	безумный(ая)
L7	four (un)	Ofen (ein)	oven	horno (un)	forno (um)	печь
L22	fraternité (la)	Brüderlichkeit (die)	brotherhood	fraternidad (la)	fraternidade (a)	братство
L5	fréquence (la)	Häufigkeit (die)	frequency	frecuencia (la)	frequência (a)	частота
L29	fric (le)	Kohle (die)	cash	dinero (el)	graveto (o)	деньги
L7	frigo (un)	Kühlschrank (ein)	fridge	frigorífico (un)	frigorífico (um)	холодильник
L29	froid(e) (adj.)	kalt (Adj.)	cold (adj.)	frío(a)	frio(a) (adj.)	холодный(ая) (прил.)
L19	gagner (un salaire) (v.)	verdienen (V.)	to earn (v.)	ganar	ganhar (v.)	зарабатывать (гл.)
L23	gamins (les)	Kinder (die)	kids	chavales (los)	garotos (os)	сорванцы
L14	gaz à effet de serre (un)	Treibhausgas (das)	greenhouse gas	gas de efecto invernadero (un)	gás com efeito de estufa (um)	парниковый газ
L9	géant(e) (adj.)	riesig (Adj.)	huge (adj.)	gigante	gigante (adj.)	гигантский(ая) (прил.)
L9	génial(e) (adj.)	genial (Adj.)	great (adj.)	genial	genial (adj.)	гениальный(ая) (прил.)
L17	gentil (gentille) (adj.)	nett (Adj.)	kind (adj.)	amable	amável (adj.)	любезный(ая) (прил.)
L31	gigantesque (adj.)	gigantisch (Adj.)	gigantic (adj.)	gigantesco(a)	gigantesco(a) (adj.)	гигантский (прил.)
L1	golf (le)	Golf (das)	golf	golf (el)	golfe (o)	гольф
L23	gosses (les)	Kleinen (die)	children	chiquillos (los)	miúdos (os)	ребята
L31	gratuit(e) (adj.)	kostenlos (Adj.)	free (adj.)	gratuito(a)	gratuito(a) (adj.)	бесплатный(ая) (прил.)
L1	gros (grosse) (adj.)	dick (Adj.)	fat (adj.)	gordo(a) (adj.)	gordo(a) (adj.)	большой(ая) (прил.)
L10	hôpital psychiatrique (un)	psychiatrische Klinik (eine)	psychiatric hospital	hospital psiquiátrico (un)	hospital psiquiátrico (um)	психиатрическая больница
L23	île (une)	Insel (eine)	island	isla (una)	ilha (uma)	остров
L31	îlot (un)	kleine Insel (eine)	small island	islote (un)	ilhéu (um)	островок
L26	image (l')	Bild (das)	image	imagen (la)	imagem (a)	изображение

Leçon	Français	Allemand	Anglais	Espagnol	Portugais	Russe
L6	immeuble (un)	Gebäude (ein)	building	inmueble (un)	prédio (um)	здание
L6	immobilier (l')	Immobiliengeschäft (das)	real estate	inmobiliario (el)	imobiliário (o)	недвижимое имущество
L3	important(e) (adj.)	wichtig (Adj.)	important (adj.)	importante	importante (adj.)	важный(ая) (прил.)
L27	imprimante (une)	Drucker (ein)	printer	impresora (una)	impressora (uma)	принтер
L22	indiscipliné(e) (adj.)	undiszipliniert (Adj.)	undisciplined (adj.)	indisciplinado(a)	indisciplinado(a) (adj.)	недисциплинированный (ая) (прил.)
L19	inégalité (une)	Ungleichheit (eine)	inequality	desigualdad (una)	desigualdade (uma)	неравенство
L26	innover (v.)	Neuerungen einführen	to innovate (v.)	innovar	inovar (v.)	вводить новшества (гл.)
L15	insecte (un)	Insekt (ein)	insect	insecto (un)	insecto (um)	насекомое
L21	installer (v.)	installieren (V.)	to install (v.)	instalar	instalar (v.)	устанавливать (гл.)
L29	intellectuel(le) (adj.)	intellektuell (Adj.)	intellectual (adj.)	intelectual	intelectual (adj.)	интеллектуальный(ая) (прил.)
L21	intime (adj.)	intim (Adj.)	intimate / private (adj.)	íntimo(a)	íntimo(a) (adj.)	интимный(ая)(прил.)
L7	itinéraire (un)	Strecke (eine)	itinerary	itinerario (un)	itinerário (um)	маршрут
L5	jamais (adv.)	niemals (Adv.)	never (adv.)	nunca	nunca (adv.)	никогда (нар.)
L6	jardin (un)	Garten (ein)	garden	jardín (un)	jardim (um)	сад
L16	je vous en prie	bitte sehr	you're welcome	le ruego	faça favor	пожалуйста
L13	jeu vidéo (un)	Videospiel (ein)	computer game	videojuego (un)	jogo de vídeo (um)	видеоигра
L13	job (un)	Job (ein)	job	trabajo (un)	trabalho (um)	работа
L1	jogging (le)	Jogging (das)	jogging	jogging (el)	corrida (a)	бег трусцой
L17	jouer (une situation) (v.)	spielen (eine Situation) (V.)	to act out (a situation) (v.)	interpretar (una situación)	representar (uma situação) (v.)	разыгрывать (сцену) (гл.)
L22	langue (la)	Sprache (die)	language	idioma (el)	idioma (o)	язык
L31	large (le)	offene See (die)	open sea (the)	alta mar (la)	alto-mar (o)	открытое море
L7	lave-linge (un)	Waschmaschine (eine)	washing machine	lavadora (una)	máquina de lavar roupa (uma)	стиральная машина
L7	lave-vaisselle (un)	Geschirrspülmaschine (eine)	dishwasher	lavavajillas (un)	máquina de lavar loiça (uma)	посудомоечная машина
L18	lettre de motivation (une)	Bewerbungsschreiben (ein)	covering letter	carta de motivación (una)	carta de apresentação (uma)	мотивационное письмо
L22	liberté (la)	Freiheit (die)	freedom	libertad (la)	liberdade (a)	свобода
L22	libre (adj.)	frei (Adj.)	free (adj.)	libre	livre (adj.)	свободный (прил.)
L13	lire (v.)	lesen (V.)	to read (v.)	leer	ler (v.)	читать (гл.)
L7	lit simple / double (un)	Einzelbett/Doppelbett (ein)	single/double bed	cama individual/doble (una)	cama de solteiro/casal (uma)	односпальная / двуспальная кровать
L10	littérature (la)	Literatur (die)	literature	literatura (la)	literatura (a)	литература
L21	logement (un)	Wohnung (eine)	lodging	vivienda (una)	habitação (uma)	жилище
L6	louer (un appartement) (v.)	mieten (ein Apartment) (V.)	to rent (a flat) (v.)	alquilar (un apartamento)	alugar (um apartamento) (v.)	снимать (квартиру) (гл.)
L15	loup (un)	Wolf (ein)	wolf	lobo (un)	lobo (um)	волк
L6	lumineux (euse) (adj.)	hell (Adj.)	light (adj.)	luminoso (a)	luminoso(a) (adj.)	светлый(ая) (прил.)
L14	lutter contre (v.)	kämpfen gegen (V.)	to fight against (v.)	luchar contra	lutar contra (v.)	бороться против (гл.)
L25	luxe (le)	Luxus (der)	luxury	lujo (el)	luxo (o)	роскошь
L9	magique (adj.)	magisch (Adj.)	magical (adj.)	mágico(a)	mágico(a) (adj.)	волшебный(ая) (прил.)
L23	magnifique (adj.)	wunderbar (Adj.)	magnificent (adj.)	magnífico(a)	magnífico(a) (adj.)	великолепный(ая) (прил.)
L1	maigrir (v.)	abnehmen (V.)	to lose weight (v.)	adelgazar	emagrecer (v.)	худеть (гл.)
L11	maintenant (adv.)	jetzt (Adv.)	now (adv.)	ahora	agora (adv.)	теперь (нар.)
L6	maison (une)	Haus (ein)	house	casa (una)	casa (uma)	дом
L30	mal-logé(e)s (les)	in schlechten Wohnverhältnissen lebenden Personen (die)	inadequately-housed people	mal alojados (los) [personas que viven en viviendas en malas condiciones]	pessoas alojadas em condições precárias (as)	живущие в плохих условиях
L15	mammifère (un)	Säugetier (ein)	mammal	mamífero (un)	mamífero (um)	млекопитающий
L30	manifestation (une)	Demonstration (eine)	protest	manifestación (una)	manifestação (uma)	демонстрация
L30	manifester (v.)	demonstrieren (V.)	to protest (v.)	manifestarse	manifestar (v.)	демонстрировать (гл.)
L1	marche (la)	Gehen (das)	walking	marcha (la)	caminhada (a)	ходьба
L30	marche (une)	Marsch (ein)	protest march	marcha (una)	marcha (uma)	марш
L2	marcher (v.)	gehen (V.)	to walk (v.)	andar	caminhar (v.)	ходить (гл.)

Lexique

Leçon	Français	Allemand	Anglais	Espagnol	Portugais	Russe
L9	marionnette (une)	Marionette (eine)	puppet	marioneta (una)	marioneta (uma)	марионетка
L15	marmotte (une)	Murmeltier (ein)	marmot	marmota (una)	marmota (uma)	сурок
L29	marrant(e) (adj.)	lustig (Adj.)	funny (adj.)	gracioso(a)	engraçado(a) (adj.)	забавный(ая) (прил.)
L25	matière (une)	Material (ein)	subject	material (un)	matéria (uma)	материал
L26	mégapixel (un)	Megapixel (ein)	megapixel (a)	megapíxel (un)	megapixel (um)	мегапиксель
L19	mentalités (les)	Mentalitäten (die)	mentalities	mentalidades (las)	mentalidades (as)	умонастроения
L19	mesures (des)	Maßnahmen	measures / steps	medidas (unas)	medidas (umas)	меры
L30	mesures sociales (les)	sozialen Maßnahmen (die)	social policies	medidas sociales (las)	medidas sociais (as)	социальные меры
L7	micro-ondes (un)	Mikrowelle (eine)	microwave	microondas (un)	microondas (um)	микроволновая печь
L30	ministre (un / une)	Minister/in (ein/eine)	minister	ministro(a) (un/una)	ministro(a) (um/uma)	министр
L7	mobilier (le)	Mobiliar (das)	furniture	mobiliario (el)	mobiliário (o)	движимое имущество
L29	moche (adj.)	hässlich (Adj.)	ugly (adj.)	feo(a)	feio(a) (adj.)	страшный (прил.)
L25	modèle (un)	Modell (ein)	model	modelo (un)	modelo (um)	модель
L31	monumental(e) (adj.)	monumental (Adj.)	monumental (adj.)	monumental	monumental (adj.)	монументальный(ая) (прил.)
L15	mouton (un)	Schaf (ein)	sheep	cordero (un)	carneiro (um)	баран
L27	multimédia (le)	Multimedia (das)	multimedia	multimedia (la)	multimédia (o)	мультимедиа
L21	mur (un)	Mauer (eine)	wall	pared (una)	parede (uma)	стена
L9	musique (la)	Musik (die)	music	música (la)	música (a)	музыка
L13	nature (la)	Natur (die)	nature	naturaleza (la)	natureza (a)	природа
L31	navette (une)	Pendelbus (ein)	shuttle	lanzadera (una)	vaivém (um)	шаттл
L15	nécessaire (adj.)	notwendig (Adj.)	necessary (adj.)	necesario(a)	necessário(a) (adj.)	необходимый(ая) (прил.)
L18	négligé(e) (adj.)	vernachlässigt (Adj.)	unkempt (adj.)	descuidado(a)	desleixado(a) (adj.)	небрежный(ая) (прил.)
L30	négociation (une)	Verhandlung (eine)	negotiation	negociación (una)	negociação (uma)	переговоры
L30	négocier (v.)	verhandeln (V.)	to negotiate (v.)	negociar	negociar (v.)	вести переговоры (гл.)
L6	nord (le)	Norden (der)	North (the)	norte (el)	norte (o)	Север
L29	nul(le) (adj.)	miserabel (Adj.)	rubbish (adj.)	nulo(a)	nulo(a) (adj.)	нулевой(ая) (прил.)
L1	nutrition (la)	Ernährung (die)	nutrition	nutrición (la)	nutrição (a)	питание
L26	objectif (un)	Objektiv (ein)	lens	objetivo (un)	objectiva (uma)	объектив
L10	œuvre (une)	Werk (ein)	work	obra (una)	obra (uma)	произведение
L15	oiseau (un)	Vogel (ein)	bird	pájaro (un)	pássaro (um)	птица
L15	opinion (une)	Meinung (eine)	opinion	opinión (una)	opinião (uma)	мнение
L23	opportunité (une)	Gelegenheit (eine)	opportunity	oportunidad (una)	oportunidade (uma)	возможность
L26	oral (l')	mündliche Prüfung (die)	oral exam / expression	oral (el)	falar (v.)	устный
L5	ordinateur (un)	Computer (ein)	computer	ordenador (un)	computador (um)	компьютер
L23	organiser (v.)	organisieren (V.)	to organise (v.)	organizar	organizar (v.)	организовывать (гл.)
L10	original(e) (adj.)	original (Adj.)	original (adj.)	original	original (adj.)	оригинальный(ая) (прил.)
L6	ouest (l')	Westen (der)	West (the)	oeste (el)	oeste (o)	Запад
L15	ours (un)	Bär (ein)	bear	oso (un)	urso (um)	медведь
L5	page d'accueil (une)	Startseite (eine)	homepage	página de inicio (una)	página principal (uma)	главная страница
L31	panorama (le)	Panorama (das)	panorama	panorama (el)	panorama (o)	панорама
L10	paranoïa (la)	Paranoia (die)	paranoia	paranoia (la)	paranóia (a)	паранойя
L10	paranoïaque (adj.)	paranoid (Adj.)	paranoid (adj.)	paranoico(a)	paranóico(a) (adj.)	паранойяльный (прил.)
L11	parcours (un)	Laufbahn (eine)	career path	carrera profesional (una)	percurso (um)	карьера
L17	parfaitement (adv.)	perfekt (Adv.)	perfectly (adv.)	perfectamente	perfeitamente (adv.)	превосходно (нар.)
L5	parfois (adv.)	manchmal (Adv.)	sometimes (adv.)	a veces	por vezes (loc. adv.)	иногда (нар.)
L19	parité (la)	Parität (die)	parity	paridad (la)	paridade (a)	паритет
L19	partage (le)	Teilen (das)	sharing	reparto (el)	partilha (a)	раздел
L17	passer l'aspirateur	staubsaugen	to do the vacuuming	pasar el aspirador	aspirar	пылесосить
L31	payant(e) (adj.)	kostenpflichtig (Adj.)	charged (adj.)	de pago	pago(a) (adj.)	платный(ая) (прил.)
L10	peindre (v.)	streichen (V.)	to paint (v.)	pintar	pintar (v.)	красить (гл.)
L6	pièce (une)	Zimmer (ein)	room	habitación (una)	divisão (uma)	комната
L31	pique-niquer (v.)	picknicken (V.)	to picnic (v.)	comer en el campo	fazer um piquenique (v.)	устраивать пикник (гл.)
L21	placard (un)	Wandschrank (ein)	cupboard	armario (un)	armário (um)	плакат
L7	place (une)	Platz (ein)	square	plaza (una)	praça (uma)	площадь

Leçon	Français	Allemand	Anglais	Espagnol	Portugais	Russe
L14	planète (la)	Planet (der)	planet	planeta (el)	planeta (o)	планета
L23	plantations (les)	Anpflanzungen (die)	plantations	plantaciones (las)	plantações (as)	насаждения
L15	plante (une)	Pflanze (eine)	plant	planta (una)	planta (uma)	растение
L7	plaques (les)	Platten (die)	hot plates	placas (las)	placas (as)	противни
L29	poétique (adj.)	poetisch (Adj.)	poetic (adj.)	poético(a)	poético(a) (adj.)	поэтический(ая) (прил.)
L18	poignée de main (une)	Händedruck (ein)	handshake	apretón de manos (un)	aperto de mão (um)	рукоятка
L31	point de vue (un)	Standpunkt (ein)	viewpoint	punto de vista (un)	ponto de vista (um)	точка зрения
L6	points cardinaux (les)	Himmelsrichtungen (die)	cardinal points (the)	puntos cardinales (los)	pontos cardeais (os)	основные пункты
L15	poisson (un)	Fisch (ein)	fish	pez (un)	peixe (um)	рыба
L18	poli(e) (adj.)	höflich (Adj.)	polite (adj.)	educado(a)	educado(a) (adj.)	полированный(ая) (прил.)
L14	polluer (v.)	verschmutzen (V.)	to pollute (v.)	contaminar	poluir (v.)	загрязнять (гл.)
L14	pollution (la)	Verschmutzung (die)	pollution	contaminación (la)	poluição (a)	загрязнение
L31	port (un)	Hafen (ein)	port	puerto (un)	porto (um)	порт
L16	portable (un)	Handy (ein)	mobile	móvil (un)	telemóvel (um)	мобильный
L27	portable (un)	Laptop (ein)	laptop	portátil (un)	portátil (um)	портативный
L17	poste (un)	Stelle (eine)	position	puesto (un)	posto (um)	должность
L25	pratique (adj.)	praktisch (Adj.)	practical (adj.)	práctico(a)	prático(a) (adj.)	практический(ая) (прил.)
L1	pratiquer (un sport) (v.)	ausüben (einen Sport) (V.)	to do (a sport) (v.)	practicar (un deporte)	praticar (um desporto) (v.)	заниматься (спортом) (гл.)
L30	précarité (la)	Prekarität (die)	precariousness	precariedad (la)	precariedade (a)	ненадежность
L22	pressé(e) (adj.)	in Eile	squeezed (adj.)	tener prisa	apressado(a) (adj.)	спешащий(ая) (прил.)
L25	presse-agrumes (un)	Zitruspresse (eine)	lemon squeezer	exprimidor (un)	espremedor de citrinos (um)	соковыжималка для цитрусовых
L26	prise de vue (une)	Bildaufnahme (eine)	shot	toma (una)	fotografia (uma)	фотосъемка
L27	processeur (un)	Prozessor (ein)	processer	procesador (un)	processador (um)	процессор
L6	proche (adj.)	nah (Adj.)	near (adj.)	cercano(a)	próximo(a) (adj.)	близкий(ая) (прил.)
L25	programmable (adj.)	programmierbar (Adj.)	programmable (adj.)	programable	programável (adj.)	программируемый (прил.)
L23	projet (un)	Projekt (ein)	project	proyecto (un)	projecto (um)	проект
L31	promenade (une)	Spaziergang (ein)	walk (a)	paseo (un)	passeio (um)	прогулка
L27	promo (une)	Werbeaktion (eine)	promotional campaign	promoción (una)	promoção (uma)	промоакция
L27	promotion (une)	Werbeaktion (eine)	promotion	promoción (una)	promoção (uma)	продвижение
L14	proposer (v.)	vorschlagen (V.)	to propose (v.)	proponer	propor (v.)	предлагать (гл.)
L22	propriété (la)	Besitz (der)	property	propiedad (la)	propriedade (a)	собственность
L14	protection (la)	Schutz (der)	protection	protección (la)	protecção (a)	защита
L18	qualité (une)	Qualität (eine)	quality	cualidad (una)	qualidade (uma)	качество
L22	râleur (euse) (adj.)	motzig (Adj.)	complainer (adj.)	gruñón (gruñona)	resmungão/ resmungona (adj.)	недовольный(ая) (прил.)
L21	rangé(e) (adj.)	aufgeräumt (Adj.)	tidy (adj.)	ordenado(a)	arrumado(a) (adj.)	аккуратный(ая) (прил.)
L21	ranger (v.)	aufräumen (V.)	to tidy (v.)	ordenar	arrumar (v.)	приводить в порядок (гл.)
L10	réaliser (v.)	durchführen (V.)	to make (v.)	realizar	realizar (v.)	выполнять (гл.)
L14	réchauffement climatique (le)	Klimaerwärmung (die)	climate change	calentamiento global (el)	aquecimento global (o)	потепление климата
L30	réclamer (v.)	fordern (V.)	to claim (v.)	reclamar	reclamar (v.)	требовать (гл.)
L18	recruteur (un)	Arbeitsvermittler (ein)	recruiter	encargado de la contratación (un)	recrutador (um)	рекрутер
L27	réduction (une)	Ermäßigung (eine)	reduction	reducción (una)	redução (uma)	сокращение
L30	réduction du temps de travail (la)	Arbeitszeitreduzierung (die)	reduced working week	reducción de la jornada laboral (la)	redução do tempo de trabalho (a)	сокращение рабочего времени
L7	réfrigérateur (un)	Kühlschrank (der)	refrigerator	frigorífico (un)	frigorífico (um)	рефрижератор
L30	refuser (v.)	verweigern (V.)	to refuse (v.)	rechazar	recusar (v.)	отказываться (гл.)
L1	régime (le)	Diät (die)	regime	régimen (el)	dieta (a)	режим
L30	régularisation (la)	Regulierung (die)	regularisation	regularización (la)	regularização (a)	регулирование
L30	régulariser (v.)	regeln (V.)	to regularise (v.)	regularizar	regularizar (v.)	регулировать (гл.)
L22	religion (la)	Religion (die)	religion	religión (la)	religião (a)	религия
L18	remercier (v.)	danken (V.)	to thank (v.)	agradecer	agradecer (v.)	благодарить (гл.)
L5	remplir (v.)	ausfüllen (V.)	to fill (v.)	llenar	preencher (v.)	заполнять (гл.)
L17	répétition (une)	Probe (eine)	rehearsal	repetición (una)	repetição (uma)	повтор

Lexique

Leçon	Français	Allemand	Anglais	Espagnol	Portugais	Russe
L5	réseau social (un)	soziales Netz (ein)	social network (a)	red social (una)	rede social (uma)	социальная сеть
L30	responsabilités (les)	Verantwortlichkeiten (die)	responsibilities	responsabilidades (las)	responsabilidades (as)	ответственность
L18	rester poli(e)	freundlich bleiben	to remain polite	ser siempre educado(a)	permanecer educado(a)	оставаться вежливым(ой)
L30	revendication (une)	Forderung (eine)	claim	reivindicación (una)	reivindicação (uma)	требование
L30	revendiquer (v.)	fordern (V.)	to make demands (v.)	reivindicar	reivindicar (v.)	требовать (гл.)
L6	rez-de-chaussée (le)	Erdgeschoss (das)	ground floor (the)	planta baja (la)	rés-do-chão (o)	первый этаж
L25	robot ménager (un)	Küchenmaschine (eine)	blender	robot de cocina (un)	robô de cozinha (um)	кухонный комбайн
L3	rôle social (un)	soziale Rolle (eine)	social role	papel social (un)	papel social (um)	социальная роль
L25	rond(e) (adj.)	rund (Adj.)	round (adj.)	redondo(a)	redondo(a) (adj.)	круглый(ая) (прил.)
L7	rue (une)	Straße (eine)	street	calle (una)	rua (uma)	улица
L17	s'asseoir (v.)	sich setzen (V.)	to sit down (v.)	sentarse	sentar-se (v.)	садиться (гл.)
L10	s'enfermer (v.)	sich einschließen (V.)	to shut oneself in (v.)	encerrarse	fechar-se (v.)	закрываться (гл.)
L3	s'engager (v.)	sich verpflichten (V.)	to commit oneself (v.)	comprometerse	comprometer-se (v.)	брать обязательство (гл.)
L3	s'investir (v.)	sich einbringen (V.)	to put a lot into (v.)	volcarse	investir-se (v.)	инвестировать (гл.)
L17	saisonnier (ère) (adj.)	saisonal (Adj.)	seasonal (adj.)	de temporada	sazonal (adj.)	сезонный(ая) (прил.)
L30	salarié(e) (un / une)	Angestellte/r (ein/eine)	employee	empleado(a) (un/una)	assalariado(a) (um/uma)	работник(ца)
L6	salle d'eau (une)	Waschraum (ein)	shower room	cuarto de baño (un)	casa de banho com chuveiro (uma)	душевая
L6	salle de bains (une)	Badezimmer (ein)	bathroom	cuarto de baño (un)	casa de banho com banheira (uma)	ванная
L6	salon (le)	Wohnzimmer (das)	living room	sala de estar (la)	sala de estar (a)	гостиная
L18	saluer (v.)	begrüßen (V.)	to greet (v.)	saludar	cumprimentar (v.)	приветствовать (гл.)
L22	sans distinction	ohne Unterscheidung	without distinction	sin distinción	sem distinção	без различия
L30	sans-logis (les)	Obdachlosen (die)	homeless (the)	sintecho (los)	sem-abrigo (os)	бездомные
L30	sans-papiers (les)	Illegalen (die)	undocumented immigrants	simpapeles (los)	estrangeiros em situação irregular (os)	без документов
L2	santé (la)	Gesundheit (die)	health	salud (la)	saúde (a)	здоровье
L18	savoir-vivre (le)	Lebensart (die)	etiquette	urbanidad (la)	boas maneiras (as)	этикет
L27	scanner (un)	Scanner (ein)	scanner	escáner (un)	scanner (um)	сканер
L10	sculpter (v.)	sich als Bildhauer betätigen	to sculpt (v.)	esculpir	esculpir (v.)	лепить (гл.)
L10	sculpteur (un)	Bildhauer (ein)	sculptor	escultor (un)	escultor(a) (um/uma)	скульптор
L10	sculpture (une)	Skulptur (eine)	sculpture	escultura (una)	escultura (uma)	скульптура
L14	se mobiliser (v.)	aktiv werden (V.)	to take action (v.)	movilizarse	mobilizar-se (v.)	мобилизоваться (гл.)
L17	se moquer (v.)	sich lustig machen (V.)	to make fun of (v.)	burlarse	gozar (v.)	смеяться (гл.)
L2	se promener (v.)	spazierengehen (V.)	to walk (v.)	pasear	passear (v.)	гулять (гл.)
L23	se régaler (v.)	genießen (V.)	to enjoy (v.)	gozar	regalar-se (v.)	угощаться (гл.)
L31	se reposer (v.)	sich ausruhen (V.)	to rest (v.)	descansar	descansar (v.)	отдыхать (гл.)
L2	se sentir bien	sich gut fühlen	to feel good	sentirse bien	sentir-se bem	чувствовать себя хорошо
L2	se sentir mal	sich schlecht fühlen	to feel bad	sentirse mal	sentir-se mal	чувствовать себя плохо
L3	se sentir utile	sich nützlich fühlen	to feel useful	sentirse útil	sentir-se útil	чувствовать себя нужным
L2	se trouver en forme	sich fit fühlen	to consider oneself in good shape	encontrarse en forma	estar em forma	находиться в форме
L22	sexe (le)	Geschlecht (das)	gender	sexo (el)	sexo (o)	пол
L25	simple (adj.)	einfach (Adj.)	simple (adj.)	simple	simples (adj.)	простой(ая) (прил.)
L17	simulation (une)	Simulation (eine)	simulation	simulación (una)	simulação (uma)	имитация
L17	simuler (v.)	simulieren (V.)	to simulate (v.)	simular	simular (v.)	имитировать (гл.)
L5	site de rencontres (un)	Partnerbörse (eine)	dating site	web de contactos (una)	sítio de encontros (um)	сайт знакомств
L9	situation (la)	Situation (die)	location	situación (la)	situação (a)	ситуация
L10	situer (v.)	orten, einordnen (V.)	to place (v.)	situar	situar (v.)	находиться (гл.)
L26	smartphone (un)	Smartphone (ein)	smartphone (a)	smartphone (un)	smartphone (um)	смартфон
L3	social(e) (adj.)	sozial (Adj.)	social (adj.)	social	social (adj.)	социальный(ая) (прил.)
L30	solidaire (adj.)	solidarisch (Adj.)	united (adj.)	solidario(a)	solidário(a) (adj.)	солидарный (прил.)
L30	solidarité (la)	Solidarität (die)	solidarity	solidaridad (la)	solidariedade (a)	солидарность
L14	solution (une)	Lösung (eine)	solution	solución (una)	solução (uma)	решение

Leçon	Français	Allemand	Anglais	Espagnol	Portugais	Russe
L26	son (le)	Ton (der)	sound	sonido (el)	som (o)	звук
L19	souhait (un)	Wunsch (ein)	wish	deseo (un)	desejo (um)	желание
L30	souhaiter (v.)	wünschen (V.)	to wish (v.)	desear	desejar (v.)	желать (гл.)
L18	souriant(e) (adj.)	lächelnd (Adj.)	smiley (adj.)	sonriente	sorridente (adj.)	улыбающийся (аяся) (прил.)
L18	sourire (v.)	lächeln (V.)	to smile (v.)	sonreír	sorrir (v.)	улыбаться (гл.)
L5	souvent (adv.)	oft (Adv.)	often (adv.)	a menudo	frequentemente (adv.)	часто (прил.)
L9	spectacle (un)	Vorstellung (eine)	show	espectáculo (un)	espectáculo (um)	представление
L22	stressé(e) (adj.)	gestresst (Adj.)	stressed (adj.)	estresado(a)	stressado(a) (adj.)	в состоянии стресса
L6	studio (un)	Studio (ein)	studio	estudio (un)	estúdio (um)	студия
L31	sublime (adj.)	erhaben (Adj.)	sublime (adj.)	sublime	sublime (adj.)	возвышенный (прил.)
L6	sud (le)	Süden (der)	South (the)	sur (el)	sul (o)	Юг
L1	surf (le)	Surfen (das)	surfing	surf (el)	surf (o)	серфинг
L5	surfer (sur internet) (v.)	surfen (im Internet) (V.)	to surf (the Internet) (v.)	navegar (por internet)	navegar (na Internet) (v.)	бродить (по Интернету) (гл.)
L9	surprenant(e) (adj.)	überraschend (Adj.)	surprising (adj.)	sorprendente	surpreendente (adj.)	неожиданный(ая) (прил.)
L23	surtout (adv.)	insbesondere (Adv.)	especially (adv.)	sobre todo	sobretudo (adv.)	прежде всего (нар.)
L7	table (une)	Tisch (ein)	table	mesa (una)	mesa (uma)	стол
L29	tableau (un)	Bild (ein)	painting	cuadro (un)	quadro (um)	картина
L19	tâches ménagères (les)	Hausarbeit (die)	household chores	labores domésticas (las)	tarefas domésticas (as)	работа по дому
L5	taper (v.)	tippen (V.)	to type (v.)	escribir	teclar (v.)	стучать (гл.)
L21	tapis (un)	Teppich (ein)	rug	alfombra (una)	tapete (um)	ковер
L1	tennis (le)	Tennis (das)	tennis	tenis (el)	ténis (o)	теннис
L18	tenue (une)	Kleidung (eine)	outfit	traje (un)	roupa (uma)	одежда
L6	terrasse (une)	Terrasse (eine)	terrace	terraza (una)	esplanada (uma)	терраса
L14	terre (la)	Erde (die)	Earth (the)	Tierra (la)	Terra (a)	земля
L26	texte (le)	Text (der)	text	texto (el)	texto (o)	текст
L6	toilettes (les)	Toiletten (die)	toilet	servicios (los)	wc (o)	туалет
L5	toujours (adv.)	immer (Adv.)	always (adv.)	siempre	sempre (adv.)	всегда
L7	tourner à droite / à gauche	rechts/links abbiegen	to turn right/left	girar a la derecha/a la izquierda	virar à direita/à esquerda	поворачивать направо / налево
L26	traducteur (un)	Übersetzer (ein)	translator	traductor (un)	tradutor (um)	преобразователь
L7	traverser (v.)	überqueren (V.)	to cross (v.)	cruzar	atravessar (v.)	пересекать (гл.)
L18	trouver (un emploi) (v.)	finden (eine Arbeitsstelle) (V.)	to find (a job) (v.)	encontrar (un empleo)	encontrar (um emprego) (v.)	находить (работу)
L29	truc (un)	Ding (ein)	thing	chisme (un)	coisa (uma)	штука
L27	ultrabook (un)	Ultrabook (ein)	ultrabook	ultrabook (un)	ultrabook (um)	ультрабук
L26	unique (adj.)	einzig(artig) (Adj.)	unique (adj.)	único(a)	único(a) (adj.)	уникальный(ая) (прил.)
L23	urbanisme (l')	Urbanismus (der)	city planning	urbanismo (el)	urbanismo (o)	урбанизм
L3	utile (adj.)	nützlich (Adj.)	useful (adj.)	útil	útil (adj.)	полезный(ая) (прил.)
L15	vache (une)	Kuh (eine)	cow	vaca (una)	vaca (uma)	корова
L21	vaisselle (la)	Geschirr (das)	crockery	vajilla (la)	loiça (a)	посуда
L5	valider (v.)	bestätigen (V.)	to confirm (v.)	validar (v.)	validar (v.)	подтверждать (гл.)
L26	vanter (v.)	preisen (V.)	to boast (v.)	alabar	elogiar (v.)	хвалить (гл.)
L6	vendre (v.)	verkaufen (V.)	to sell (v.)	vender	vender (v.)	продавать
L21	verre (un)	Glas (ein)	glass	vaso (un)	copo (um)	стакан
L23	voies sur berges (les)	Uferwege (die)	towpaths	vías de las orillas del río (las)	faixas nas margens (as)	дороги вдоль набережных
L1	voile (la)	Segeln (das)	sailing	vela (la)	vela (a)	парус
L26	voix (la)	Stimme (die)	voice	voz (la)	voz (a)	голос
L6	vue (une)	Aussicht (eine)	view	vista (una)	vista (uma)	вид
L22	zen (adj. inv.)	cool (Adj.)	zen (adj. inv.)	zen	zen (adj. inv.)	дзен (прил.)

Transcriptions des

— Dossier 1 : S'engager —

Leçon 1 ❙ Bien sûr...

Vidéo 1   *Bien sûr...*
Activités 1 à 6 pages 12-13
Activités 1 à 3 page 18

SIMON LE TALLEC : Je suis gros. Je dois faire du sport. L'été prochain, je ferai de la voile. La mer n'est pas loin... Si j'arrête de manger... je maigrirai.

FRANÇOISE LE TALLEC : Si tu me fais un café maintenant, je t'aimerai pour la vie.

SIMON LE TALLEC : À partir d'aujourd'hui, je ne mangerai plus au restaurant le midi. En plus, j'économiserai de l'argent et avec cet argent, je m'achèterai un petit bateau.

FRANÇOISE LE TALLEC : Bien sûr... Tu veux une brioche ?

SIMON LE TALLEC : Cet été, si on peut, on jouera au tennis. Toi aussi ça te ferait du bien un peu d'exercice. Ou alors, l'année prochaine, j'arrêterai de travailler une heure plus tôt chaque jour. Je m'inscrirai dans une association de quartier.

FRANÇOISE LE TALLEC : Une association de quoi ?

SIMON LE TALLEC : De quartier !

FRANÇOISE LE TALLEC : Pour quoi faire ?

SIMON LE TALLEC : Ben, pour aider les jeunes, par exemple.

FRANÇOISE LE TALLEC : Aider les jeunes, ça fait maigrir ?

SIMON LE TALLEC : On rencontrera les gens du quartier et les jeunes viendront faire leurs devoirs à la maison...

FRANÇOISE LE TALLEC : Et un régime... ? Un régime sans brioche ?

Piste 3 – Activité 8 page 13

Exemple : du sport → J'entends [s].

a bien sûr – **b** un exemple – **c** une association – **d** économiser – **e** dans une minute – **f** s'inscrire – **g** ils sont – **h** ils ont

Leçon 2 ❙ Votre santé

Piste 6 – Activité 8 page 15

*Exemple : le **s**port → On prononce [s].*

a vou**s**_avez → On prononce [z].
b **s**upérieur → On prononce [s].
c me**s**urer → On prononce [z].
d voi**c**i → On prononce [s].
e l'e**s**calier → On prononce [s].
f vi**s**iter → On prononce [z].
g dan**s**er → On prononce [s].
h des mu**s**ées → On prononce [z].

Leçon 3 ❙ S'investir

Piste 7 – Activités 2 et 3 pages 16-17

LOUIS : Regarde, Jeanne ! C'est le site de Môm'Nantes, ils recherchent des bénévoles.

JEANNE : Des bénévoles ? Pour quoi faire ?

LOUIS : Pour donner des cours de soutien scolaire.

JEANNE : Et ça t'intéresse, Louis ?

LOUIS : Bien sûr !

JEANNE : Pourquoi ?

LOUIS : Parce que je veux m'investir dans une association.

JEANNE : Mais pourquoi bénévole ?

LOUIS : Parce que le bénévolat, c'est important. Il ne faut pas tout faire pour de l'argent !

JEANNE : Ben... travailler, ce n'est pas gratuit !

LOUIS : Ce n'est pas un travail ! C'est un engagement ! La satisfaction d'être utile, de se sentir responsable ! Être citoyen, c'est avoir un rôle social. Aider les jeunes à faire leurs devoirs, par exemple.

JEANNE : D'accord ! Alors, commence ton rôle social à la maison : prépare le repas pour ce soir...

LOUIS : Avant le repas, j'appelle Môm'Nantes. Je vais proposer mon aide.

Culture

Vidéo 2   *Baisers volés*
Activité 6 page 19

LUI : Je préférerais l'écrire, comme ça... T'as pas un crayon ?
ELLE : Tiens !

vidéos et des audios

Entraînement

Piste 9 – Activité 5 page 20

JULES : Le samedi, je me lève à neuf heures. Je fais du sport et après je sors. Je fais les courses. Je rentre et j'écoute les informations. Ma copine arrive et on prépare notre programme pour la soirée. Le dimanche, on se promène et on rend visite à la famille. Le soir, nous allons au cinéma. Les copains nous retrouvent pour boire un verre. Après, ma copine rentre chez elle et moi, je rentre chez moi.

Piste 10 – Activité 5 page 20

JULES : Samedi, je me lèverai à neuf heures. Je ferai du sport et après je sortirai. Je ferai les courses. Je rentrerai et j'écouterai les informations. Ma copine arrivera et on préparera notre programme pour la soirée. Dimanche, on se promènera et on rendra visite à la famille. Le soir, nous irons au cinéma. Les copains nous retrouveront pour boire un verre. Après, ma copine rentrera chez elle et moi, je rentrerai chez moi.

___ Dossier 2 : Voyager ___

Leçon 5 ▎ Sympa ce site !

Vidéo 3   *Sympa ce site !*
             Activités 1 à 4 pages 24-25
             Activité 2 page 30

LUCIE BONOMI : Je vais souvent sur Internet mais là, c'est un peu compliqué.
JULIETTE BONOMI : C'est un peu compliqué mais c'est le site le moins cher pour acheter un billet d'avion.
LUCIE BONOMI : Comment on fait ?
JULIETTE BONOMI : Ben c'est la page d'accueil, tu cliques sur « réserver ». Tu complètes la case « départ ». Tu tapes « Nantes ».
LUCIE BONOMI : Oui je sais, je suis à Nantes, je ne suis pas idiote... Pardon...
LAURENT BONOMI : Bonjour !

LUCIE BONOMI : Ah zut ! Je vais jamais finir.
LAURENT BONOMI : Bonjour maman, bonjour ma fille. Pas mal ce site, c'est pour réserver les billets d'avion ?
LUCIE BONOMI : Je choisis le vol de treize heures cinquante pour Nice. Ça y est ! Je valide, ouf !
LAURENT BONOMI : Tu vas à Nice ? Nice, c'est sympa... Tu vas te reposer ?
JULIETTE BONOMI : Elle va à l'anniversaire de monsieur Nicolas.
LAURENT BONOMI : Il a quel âge monsieur Nicolas ?
LUCIE BONOMI : Il fête ses soixante-quinze ans...
LAURENT BONOMI : Ah bon ! Mais c'est qui ce monsieur Nicolas ?
JULIETTE BONOMI : Depuis un an, elle surfe sur Internet toute la journée... alors...
LAURENT BONOMI : Alors quoi ?
LUCIE BONOMI : Les sites de rencontres sont très bien faits. Maintenant j'ai des amis dans toute la France... Je te rapporterai de l'huile d'olive.
LAURENT BONOMI : Merci.

Piste 11 – Activité 5 page 25

Exemple : iiiiiiiiiiiiiii, uuuuuuuuuuuu.
a Six bus ?
b Dis « zut » !
c uuuuuuu, iiiiiiiiii
d Tu dis ?
e Tu cliques !
f iiiiiii, uuuuuuuuu, iiiiiiiiiiii, uuuuuuuuuuu, iiiiiiiiiiiiii, uuuuuuuuuuu
g Dis « zut » ! Dis « zut » ! Dis « zut » !

Piste 12 – Activité 6 page 25

Exemple : JOURNALISTE : Quand avez-vous commencé à lire le journal sur Internet ?
PERSONNE 1 : J'ai commencé à lire le journal sur Internet en 2000.
→ Depuis 14 ans, je lis le journal sur Internet.
JOURNALISTE : Quand avez-vous acheté votre premier ordinateur ?
PERSONNE 2 : J'ai acheté mon premier ordinateur en 2003.
JOURNALISTE : Quand vous êtes-vous inscrit sur un réseau social ?
PERSONNE 3 : Je me suis inscrit sur un réseau social en 2006.

Transcriptions des

JOURNALISTE : À partir de quand avez-vous fait des achats sur Internet ?

PERSONNE 4 : J'ai commencé à faire des achats sur Internet en 2008.

JOURNALISTE : Quand avez-vous acheté votre premier téléphone portable ?

PERSONNE 5 : J'ai acheté mon premier téléphone portable en 1999.

Leçon 6 ▌ À louer

Piste 13 – Activité 2 page 27

LUCIE : Regarde Juliette, je suis sur le site que tu m'as conseillé. J'ai trouvé quatre appartements qui m'intéressent.

JULIETTE : Le site Immo'Nice ? Montre-moi mamie.

LUCIE : L'appartement que je préfère est proche de la mer, mais il est trop cher.

JULIETTE : Si tu veux un appartement près de la mer, tu vas payer plus cher ! C'est le trois pièces que tu préfères ?

LUCIE : Oui ! En plus, il est plus confortable que les autres : il est climatisé et le ménage est inclus !

JULIETTE : Le F1 a autant de charme et il est aussi proche de la mer : il est à cinq cents mètres de la Promenade des Anglais !

LUCIE : Ah non, je ne veux pas dormir dans le salon ! Je veux une chambre séparée !

JULIETTE : Ben, le deux pièces alors ? Il a moins de chambres que le trois pièces, mais si tu es seule, une chambre suffit, non ? Regarde, il est plus confortable que le trois pièces : il a une salle de bains, pas une salle d'eau !

LUCIE : Il est plus loin de la mer.

JULIETTE : Mais en bus, tu mettras autant de temps : cinq minutes !

LUCIE : L'été, il y a moins de bus...

JULIETTE : Alors, tu peux aller à la mer à pied. Ça te fera du bien !

LUCIE : Mmm... Je ne sais pas... J'hésite...

Piste 14 – Activité 3 page 27

Exemple : Zut ! → J'entends [y].

a sud – **b** deux – **c** un ascenseur – **d** la vue –

e un immeuble – **f** c'est mieux – **g** à deux pas – **h** à cinq minutes

Leçon 7 ▌ Le plus cher !

Piste 15 – Activités 1 à 4 page 28

JEAN NEYMAR : Jean Neymar, agence Immo'Nice, bonjour !

LUCIE : Bonjour monsieur, j'appelle pour une annonce à Nice.

JEAN NEYMAR : Il s'agit de quelle annonce ?

LUCIE : J'ai choisi l'appartement le plus proche de la mer, le trois pièces, rue Paradis.

JEAN NEYMAR : Ah oui ! C'est notre plus belle offre. C'est l'appartement qui a le plus d'équipements !

LUCIE : J'ai lu « cuisine équipée » : qu'est-ce que ça veut dire ?

JEAN NEYMAR : Dans la cuisine, vous avez un réfrigérateur-congélateur, des plaques à induction, un four et un micro-ondes.

LUCIE : Il n'y a pas de lave-vaisselle ?

JEAN NEYMAR : Si, si ! Bien sûr, il y a un lave-vaisselle ! Et un lave-linge qui est dans la salle d'eau. Une très grande salle d'eau avec une douche type jacuzzi !

LUCIE : Mmm, je préfère une douche simple, c'est plus écologique.

JEAN NEYMAR : Mais, vous avez une douche simple dans la petite salle d'eau.

LUCIE : C'est possible de venir à six personnes ?

JEAN NEYMAR : Tout à fait ! Il y a un lit double dans la plus grande chambre, deux lits simples dans la moins grande et un canapé-lit dans le salon. Ça fait six couchages.

LUCIE : Et pour manger ?

JEAN NEYMAR : Vous avez une grande table avec huit chaises ! Et des fauteuils, bien sûr, pour regarder la télé.

LUCIE : Merci, je vais réfléchir. C'est l'appartement le plus beau mais pas le moins cher !

JEAN NEYMAR : Mais le meilleur rapport qualité-prix ! Et puis, vous avez la clim !

LUCIE : Je viendrai en avion. C'est facile d'aller de l'aéroport à la rue Paradis ?

JEAN NEYMAR : Absolument ! Je vous envoie

vidéos et des audios

l'itinéraire par mél. Vous avez un mél ?
LUCIE : Oui, lperez, l-p-e-r-e-z, arrobase yahoo.fr.
JEAN NEYMAR : Je vous l'envoie tout de suite.
LUCIE : Merci, je vous rappelle demain.
JEAN NEYMAR : Au revoir madame, à demain.

Piste 16 – Activité 6 page 29

Exemple : uuuuuuu, ouououououou, uuuuuuuuuu, ouououououou, uuuuuuuuuu, ouououououou.
a Tu tournes.
b L'avenue, la rue ou le boulevard ?
c Vous tournez, bien sûr !
d Douze minutes en bus !
e Une mouche sur la bouche, sous la douche, c'est trop fou !

Leçon 8 ▌ Vite dit !

Piste 17 – Activité 5 page 30

a Zut. – **b** Ça y est ! – **c** Pardon ? – **d** Zut ! –
e Bien sûr. – **f** Ça y est ? – **g** Bien sûr. – **h** Pardon. –
i Ça y est.

Entraînement

Piste 18 – Activité 8 page 33

Exemple : deux – mi – nutes ; deux minutes ; deux minutes.
a lu – mi – neux ; lumineux ; lumineux
b ce – stu – dio ; ce studio ; ce studio
c il – est – plus – lu – mi – neux ; il est plus lumineux ; il est plus lumineux
d que – le – F – 2 : que le F2 ; que le F2
e ce – stu – dio — est – plus – lu – mi – neux — que – le – F – 2
ce studio – est plus lumineux – que le F2
Ce studio est plus lumineux que le F2.
Ce studio est plus lumineux que le F2.

Piste 19 – Activité 11 page 33

Vous êtes à la gare. Vous traversez l'avenue Thiers. Vous prenez l'avenue Aubert. Vous continuez jusqu'au boulevard Victor-Hugo et vous traversez le boulevard Victor-Hugo. Vous prenez la rue Dalpozzo. Vous tournez à gauche dans la rue de France et vous prenez la rue du Congrès, à droite. Vous continuez et vous êtes arrivé !

Piste 20 – Activité 12 page 33

– Pardon monsieur, le jardin Albert 1er, s'il vous plaît ?
– Nous sommes boulevard Victor Hugo. Pour visiter le jardin Albert 1er, vous prenez la rue de Grimaldi et vous tournez à gauche dans la rue de la Liberté. Vous traversez la place Magenta à droite et vous prenez la rue Paradis. Vous continuez jusqu'à l'avenue de Verdun. Vous traversez l'avenue, et c'est là !
– Merci beaucoup monsieur, bonne journée.

Préparation au DELF A2

Piste 21 – Activité 1 page 35

Vous le savez, pour garder la forme, il faut manger équilibré et bouger ! Pour bien commencer la journée, il ne faut pas oublier de prendre son petit déjeuner, c'est très important. Il faut éviter de manger entre les repas et penser à boire beaucoup d'eau. Vous pouvez manger un peu de pain, mais vous devez prendre des fruits et des légumes à chaque repas. Évitez aussi de boire de l'alcool, même du bon vin ! Le week-end, marchez ou faites du vélo, mais ne restez pas devant votre télévision !

── Dossier 3 : Raconter ──

Leçon 9 ▌ C'était étonnant !

Vidéo 5 *C'était étonnant !*
Activités 1 à 3 page 38
Activités 2 à 5 page 44

NATHALIE BONOMI : Je vais chercher le courrier. Bonjour les voisins, qu'est-ce qui vous arrive ?
FRANÇOISE LE TALLEC : On se promenait dans la ville... Il y avait du bruit, beaucoup de bruit, de la musique...
NATHALIE BONOMI : Vous allez me raconter...

J'ai fait du café il y a cinq minutes...

SIMON LE TALLEC : On ne veut pas vous déranger Nathalie.

NATHALIE BONOMI : Mais non, entrez, entrez...

LAURENT BONOMI : Il y a du courrier ?

NATHALIE BONOMI : Non non... Simon et Françoise viennent prendre le café. Chut ! On va dans la cuisine, Laurent travaille dans le salon. Asseyez-vous !

SIMON LE TALLEC : Donc, c'était comme un spectacle dans la rue... Il y avait deux cents ou trois cents personnes... Et au milieu, il y avait... un éléphant.

FRANÇOISE LE TALLEC : Mais c'était un éléphant géant... de douze mètres de haut. Sa tête énorme qui regardait vers nous...

NATHALIE BONOMI : Ah oui, je connais.

SIMON LE TALLEC : Je me suis arrêté, je me suis assis, c'était... étonnant !

FRANÇOISE LE TALLEC : Et là... la pluie est tombée.

NATHALIE BONOMI : Surprenant. Prenez des gâteaux...

FRANÇOISE LE TALLEC : Merci. Mais l'éléphant, il avançait toujours. On est restés sous la pluie pour regarder. J'ai adoré...

NATHALIE BONOMI : Tu aimes le café ? On se dit « tu » maintenant, hein ?

FRANÇOISE LE TALLEC : Bien sûr !

SIMON LE TALLEC : Mmmmm !

LAURENT BONOMI : Bonjour... Vous allez bien ? Il reste des gâteaux ?

SIMON LE TALLEC : Ils étaient extraordinaires !

LAURENT BONOMI : Dommage...

Piste 23 – Activité 7 page 39

Exemple : da daa → Dommage !

a da daa → Mais non !

b da da daa → Je connais.

c da da da daa → Asseyez-vous !

d da da da da daa → Il y a cinq minutes.

e da da da da da daa → On va dans la cuisine ?

f da da da da da da daa → Ils étaient extraordinaires !

Leçon 11 ▎ Changement de vie

Piste 26 – Activités 2 à 4 page 42

INTERVIEWEUR : Bonjour ! Vous suivez une formation de français, de professeur de français langue étrangère. Est-ce que vous pouvez nous raconter votre parcours professionnel et universitaire et nous dire pourquoi vous avez décidé de devenir professeur ? Merci !

MAGDALENA : Bonjour, je m'appelle Magdalena et je suis polonaise. Je suis arrivée en France il y a dix ans pour étudier le français. Je me suis inscrite à l'université Paris 13 pour étudier les lettres modernes et j'ai dû travailler pendant ce temps-là. J'étais hôtesse d'accueil. J'ai terminé mes études mais j'ai continué de travailler et ce travail ne me plaisait pas. Je n'étais vraiment pas contente. Puis un jour, j'ai décidé de changer cette situation et de faire une formation avec l'Alliance française. Et j'ai retrouvé mon sourire !

PASCALE : Bonjour, je m'appelle Pascale. Je suis française. J'ai fait des études de droit à l'université de Paris, à la Sorbonne. Et puis, j'ai travaillé, euh, dans plusieurs cabinets d'avocats pendant dix ans. J'ai vécu à New York aux États-Unis. J'ai beaucoup voyagé. J'ai eu des enfants. Et puis, euh, j'ai décidé de changer de carrière. Je voulais travailler avec, euh, des étudiants pour leur apprendre le français. Et ainsi je suis arrivée à l'Alliance française où maintenant je suis professeur de français.

JACQUES : Bonjour. Je m'appelle Jacques, je suis français. J'ai travaillé pendant vingt ans dans la banque et dans l'immobilier. J'avais des clients entreprise et maintenant, j'ai changé de voie, je suis, euh, inscrit à l'Alliance française comme stagiaire professeur pour enseigner le français à des étrangers. Et si c'est possible, de travailler à l'étranger...

Piste 27 – Activité 6 page 43

Exemple : Elle a vécu à Ancône en Europe.

a Elle a vécu à Hong Kong en Asie.

b Elle a vécu à Ottawa en Amérique du Nord.

c Elle a vécu à Édimbourg en Europe.

d Elle a vécu à Ushuaia en Amérique du Sud.

e Elle a vécu à Ouagadougou en Afrique.
f Elle a vécu à Adélaïde en Océanie.

Culture

Vidéo 6 Le Royal de Luxe
Activités 7 et 8 page 45

Voilà, on va chercher... Bien, bien, bien derrière. Allez, faites-moi tourner cette colonne vertébrale comme un tire-bouchon. Voilà, on inspire bien par le nez, on expire par la bouche. Yes, et on remonte ! Et 1, et 2, et 3, et 4, et 5... Pied droit levé, posez... Pied gauche levé, posez... Pied droit... pied gauche. Paré à la marche arrière. En place, on est parti, en arrière. En arrière toujours, en arrière. Encore 6 mètres en arrière. Ok, paré à virer à droite. Stop. Fin de la marche arrière, paré à virer à droite. Maintenant, en avant.

Entraînement

Piste 29 – Activité 9 page 47

Exemple : j'ai commencé → passé composé.
a je commençais – b je travaillais – c j'ai travaillé – d je décidais – e j'ai décidé – f je passais mes examens – g j'ai passé mes examens – h j'ai été photographe

___ Dossier 4 : S'exprimer ___

Leçon 13 ▐ Ouais, c'est ça...

Vidéo 7 *Ouais, c'est ça...*
Activités 1 à 3 page 50
Activités 2 et 3 page 56

HUGO LE TALLEC : S'il vous plaît...
LOUISE LE TALLEC : J'adore les terrasses au soleil.
JULIETTE BONOMI : Mouais... moi, ce que je préfère, c'est lire un bon livre, assise, sous un arbre, à la campagne... le silence total...
HUGO LE TALLEC : Moi aussi... j'aime bien... les livres.
LOUISE LE TALLEC : Toi ? Tu passes ton temps à jouer aux jeux vidéo.

HUGO LE TALLEC : S'il vous plaît... La campagne... bof... c'est trop calme. Et la mer, tu aimes bien la mer ?
LÉO : Salut.
JULIETTE BONOMI : Salut. C'est Léo, un copain de la fac.
LOUISE LE TALLEC : Louise, enchantée.
LÉO : Salut ! Excusez- moi, je peux prendre la chaise ?
LE VOISIN : Oui, je vous en prie.
LÉO : S'il vous plaît ! C'est ma tournée, j'ai une grande nouvelle à fêter.
JULIETTE BONOMI : Qu'est-ce qu'on fête ?
LÉO : Je viens de décrocher un job pour l'été.
JULIETTE BONOMI : Super !
LOUISE LE TALLEC : Bravo ! Comment tu as trouvé ce travail ?
JULIETTE BONOMI : Allô ! Oui, c'est moi, un instant... Excusez-moi.
LÉO : C'est simple, il y a un site « t'as-un-job. com », tu cliques... et tu as un job.
LOUISE LE TALLEC : Ah ouais ?
HUGO LE TALLEC : Ouais c'est ça... tu cliques... mon œil. Vous vous connaissez depuis longtemps avec Juliette ?
LÉO : Assez longtemps oui... J'aime bien Juliette, elle est sympa.
LOUISE LE TALLEC : Toi aussi t'aimes bien Juliette, non ?

Piste 31 – Activité 8 page 51
Exemple : [ʃ ʃ ʃ ʃ] – [ʒ ʒ ʒ ʒ].
a [aʃ] – [aʒ] – b [aʃe] – [aʒe] – c [ʃu] – [ʒu]

Leçon 15 ▐ Le loup

Piste 35 – Activités 3 et 4 page 55

JOURNALISTE : « Cinq jours à la une ! » Cette semaine, nous allons parler du loup. Depuis son retour en France, il y a vingt ans, le loup s'est bien adapté : on compte environ 250 loups en France. Nous sommes aujourd'hui dans le massif du Mercantour, dans le département des Alpes-Maritimes. L'année dernière, le loup a attaqué et tué 2 500 moutons et brebis. Comment faire cohabiter cet animal sauvage avec nos animaux

151

domestiques ? Les écologistes pensent que le loup est nécessaire. Les éleveurs trouvent qu'il est inutile. Bernard Bruno élève 1 000 brebis ; il est éleveur-berger depuis trente-six ans.

BERNARD BRUNO : L'année dernière, le loup a tué 180 moutons ! Mes chiens sont impuissants. Le loup, on ne le voit pas, c'est le plus malin de tous. Il se cache, il se déplace. Impossible de l'attraper. À cause de lui, c'est la destruction de la profession, la fin des bergers. Tout ça, c'est la faute aux écolos avec leur biodiversité, leur écosystème. Mais en vérité, je pense que le loup ne sert à rien... Comme l'ours dans les Pyrénées !

JOURNALISTE : Gérard Millischer, agent du parc national du Mercantour, a une autre opinion du loup.

GÉRARD MILLISCHER : Le loup a une mauvaise réputation : le grand méchant loup, le petit chaperon rouge, le loup garou... c'est injuste ! C'est le loup qui a peur de l'homme ! De plus, il joue un rôle important dans l'écosystème : c'est le docteur de la nature. Il élimine les animaux qui sont malades. Je trouve qu'il est donc très utile. Et puis, grâce au loup, on a créé dix-neuf emplois pendant l'été. Beaucoup de touristes viennent pour l'observer. C'est bon pour l'économie.

JOURNALISTE : Difficile de se mettre d'accord entre les partisans et les opposants aux loups ! Le gouvernement a donc décidé d'adopter un « plan national du loup » 2013-2017. Nous parlerons de ce plan demain. À demain pour la suite de « Cinq jours à la une ! », consacrée cette semaine au loup...

Piste 36 – Activité 6 page 55

Exemple : les animaux → J'entends [z].
a un oiseau – b une vache – c un insecte –
d un chamois – e un poisson – f un berger

Entraînement

Piste 38 – Activité 8 page 59

La planète est en danger ! Le climat se réchauffe. Les sources d'énergie diminuent. Sachez faire les bons gestes pour lutter contre le réchauffement.

Mangez bio ! Avec nous, partagez la culture écologique. Achetez des produits bio !

Préparation au DELF A2

Piste 40 – Activité 1 page 61

Allô, c'est Sophie. J'espère que tu vas bien. Je suis rentrée à Paris il y a deux jours. J'ai passé une semaine à Nantes chez des amis avec ma sœur. C'était super, il faisait beau et j'ai vu un spectacle de rue extraordinaire dans la vieille ville. J'ai passé du temps en terrasse et je suis aussi allée au théâtre. Bref, je me suis bien reposée. On se voit dimanche ? On pourrait aller au cinéma ? Appelle-moi pour confirmer. Je t'embrasse !

— Dossier 5 : Travailler —

Leçon 17 | Nous vous rappellerons

Vidéo 8 *Nous vous rappellerons*
Activités 1, 2, 3, 4 et 6
pages 64-65
Activités 2 et 3 page 70

FRANÇOISE LE TALLEC : Non, trop sombre. Attends, j'essaie un truc... Ça ira parfaitement.

JULIETTE BONOMI : La jupe, c'est obligatoire ?

FRANÇOISE LE TALLEC : Il faut avoir l'air naturel.

HUGO LE TALLEC : Et... les chaussures à talons ?

LOUISE LE TALLEC : Hugo, t'es lourd...

JULIETTE BONOMI : Des chaussures à talons ? Bon, je vais les chercher.

FRANÇOISE LE TALLEC : Bien, faites entrer mademoiselle Le Tallec, s'il vous plaît. Mademoiselle Le Tallec ?

LOUISE LE TALLEC : Oui.

HUGO LE TALLEC : Ben, tu lui dis bonjour.

LOUISE LE TALLEC : Bonjour madame.

FRANÇOISE LE TALLEC : Là, c'est carrément trop. Silence ! Hugo... Dehors !

LOUISE LE TALLEC : C'est facile de vous moquer... Moi, je dois absolument avoir ce job.

vidéos et des audios

FRANÇOISE LE TALLEC : Bonjour mademoiselle, vous avez votre CV ?
LOUISE LE TALLEC : Euh... Le voici.
FRANÇOISE LE TALLEC : Debout ! Il faut attendre un peu avant de t'asseoir doucement. Vous venez pour le poste de vendeuse assistante. Est-ce que vous parlez anglais ?
LOUISE LE TALLEC : Je suis très bonne en anglais.
JULIETTE BONOMI : Il faut leur dire... tu parles anglais, couramment.
FRANÇOISE LE TALLEC : Vous connaissez les aspirateurs ?
LOUISE LE TALLEC : Parfaitement... Je l'utilise souvent à la maison. Je le passe plus souvent que toi.
FRANÇOISE LE TALLEC : Très bien mademoiselle Le Tallec, je vous remercie. Nous vous rappellerons sûrement. Au revoir. À bientôt. Suivant !

Piste 42 – Activité 9 page 65

Exemple : bonjour → J'entends [b].
a s'il vous plaît – b à bientôt – c nous vous rappellerons – d bon – e un aspirateur – f ça va bien

Leçon 18 ❚ L'entretien

Piste 44 – Activité 6 page 67

Exemple : arriver → J'entends [v].
a vous devez – b une coiffure – c des vêtements – d à l'avance – e à la fin – f un CV

Leçon 19 ❚ Égalité !

Piste 45 – Activités 3 à 5 pages 68-69

FEMME : Tu as vu les affiches sur l'égalité hommes / femmes ?
HOMME : Oui ! C'est la campagne du ministère des Droits des femmes. Tu crois que c'est utile ?
FEMME : J'aimerais bien que ce soit utile ! Il faudrait que les mentalités changent...
HOMME : Je suis certain que les comportements ont changé quand même !
FEMME : Ce serait bien que les hommes fassent encore des efforts à la maison...

HOMME : 80 % de l'activité domestique ! C'est quoi ? Je suis sûr que les hommes font plus de 20 %, moi !
FEMME : Les activités domestiques, c'est les enfants, le ménage, les courses, la cuisine... Toujours une affaire de femmes, non ?
HOMME : Bon, mais au travail, tu penses qu'il y a un problème d'égalité ?
FEMME : Bien sûr ! Les femmes gagnent 25 % de moins que les hommes ! Tu trouves que c'est normal ?
HOMME : Non ! Mais je suis sûr que le gouvernement va changer ça !
FEMME : Je voudrais qu'il fasse vite ! Il faudrait qu'il y ait des lois sur la parité hommes / femmes.
HOMME : Ce qui est sûr, c'est qu'il n'y a pas assez de femmes politiques.
FEMME : Ce serait tellement bien que les hommes et les femmes vivent sur notre planète avec les mêmes droits !

Piste 47 – Activité 7 page 69

Exemple : je voudrais → J'entends [v].
a les affiches – b la planète – c j'aimerais bien – d la parité – e les comportements

Culture

Vidéo 9 *Comédiens*
Activités 5 à 7 page 71

JOURNALISTE : C'est le rêve de la plupart des comédiens débutants : intégrer la prestigieuse troupe de la Comédie-Française. Un rêve devenu réalité pour ces six jeunes acteurs que Marion Gautier et Éric Delpeche ont rencontrés. Ils sortent d'une année de formation et se lancent peu à peu dans le grand bain du métier. Regardez.
VOIX OFF : Six jeunes destinés au théâtre après un an passé à la Comédie-Française.
ACTEUR 1 : On passe de l'école au métier, c'est ça qui est super ici quoi.
ACTEUR 2 : Je connaissais pas ce lieu en fait, j'avais jamais vu de spectacle ici. Et le fait de connaître ce milieu maintenant, enfin, cet endroit-là, ces tableaux, cet univers-là, c'est très intéressant.

153

VOIX OFF : Dans *Cyrano de Bergerac*, *Antigone* ou *Don Juan*, ils ont été toute l'année sur scène. Élèves au contact de grands comédiens et metteurs en scène.

Cette année de cours et d'apprentissage se termine par un spectacle où ils sont tous.

——— Dossier 6 : Vivre ———

Leçon 21 ▌ Et la salle de bains ?

Vidéo 10 *Et la salle de bains ?*
Activités 1 et 2 page 76
Activités 2 et 5 page 82

LÉO : Voilà, c'est la chambre que je veux louer. L'appartement est trop grand et trop cher pour moi. Alors je cherche un colocataire... ou une colocatrice...

HUGO LE TALLEC : C'est pas très lumineux.

JULIETTE BONOMI : Oui, elle est petite, je ne pourrai pas y ranger toutes mes affaires. Où est la salle de bains ?

LÉO : Suivez-moi ! Là, c'est la cuisine avec les placards pour la vaisselle : les verres, les assiettes, les couverts. Le salon est vraiment cool, c'est une pièce où j'aime bien recevoir des amis.

JULIETTE BONOMI : Tu sais... j'aimerais partir de chez mes parents, mais je ne sais pas encore.

LÉO : Les murs sont un peu vides, mais... je vais y exposer mes photos. Il y a aussi une étagère pour tes livres.

HUGO LE TALLEC : Un tapis, une étagère, un canapé... cool... Il y a tout le confort.

LÉO : Les toilettes sont là.

JULIETTE BONOMI : Et la salle de bains, Léo ?

HUGO LE TALLEC : Ma chambre est mieux rangée...

LÉO : C'est aussi la pièce où je travaille, j'y ai installé mon bureau.

JULIETTE BONOMI : Moi, le désordre ne me dérange pas... C'est la salle de bains ?

LÉO : Oui, il y a une baignoire.

JULIETTE BONOMI : Ben oui, mais elle donne dans ta chambre. C'est pas super.

LÉO : Et alors ?

JULIETTE BONOMI : Ben, c'est pas très intime. Partager la même salle de bains, ça m'embête, je ne me sentirai pas chez moi.

LÉO : C'est moi qui ferai le ménage.

HUGO LE TALLEC : Ben voyons...

JULIETTE BONOMI : Ouais... peut-être. Je vais réfléchir.

LÉO : On n'est pas mal chez papa-maman.

Piste 51 – Activité 7 page 77

Exemple : les verres → J'entends [ʁ].
a les placards – **b** moi – **c** un peu – **d** encore – **e** les murs – **f** des amis – **g** une étagère – **h** le confort

Piste 52 – Activité 8 page 77

Bonjour. Pour mieux connaître nos lecteurs, nous organisons une enquête. Accepteriez-vous de répondre à des questions ? Merci.

Quels meubles avez-vous mis dans votre salon ?
J'y ai mis un canapé, un fauteuil, une table...
a Que faites-vous dans votre salon ?
b Qu'avez-vous sur les murs de votre salon ?
c Vous regardez la télé dans votre chambre ?
d Quels repas prenez-vous dans votre cuisine ?

Leçon 23 ▌ Projet d'urbanisme

Piste 54 – Activités 2 et 3 page 80

C'est un lieu magnifique toute l'année pour, euh... ceux qui ont envie d'en profiter. Bon, c'est ça la ville du XXIᵉ siècle... Ça doit pas être une ville seulement à regarder, c'est une ville à vivre. Et puis, surtout, là, Anne Hidalgo a eu une grande influence, on a voulu donner le maximum d'espace et d'opportunités aux enfants. Figurez-vous qu'ils ont amené des idées qu'on a mises en œuvre et du coup c'est un endroit pour tout le monde, mais où je pense que les enfants seront les rois. [...] Ils vont se régaler les gosses, là ! Les gamins de Paris, ils vont être heureux ! C'est bien ça. C'est vrai que les îles sur la Seine avec dessus des jardins, des chaises longues et tout... C'est un peu délirant, mais vous allez voir, ça va

vidéos et des audios

se produire ! [...] Tout ce que vous avez vu est livré dans la deuxième quinzaine de juin. Simplement, il y a des choses qui seront évolutives. Par exemple, les plantations, elles seront peut-être plus petites fin juin que trois mois après, ou l'année suivante. De la même manière, vous allez commencer à voir des bateaux qui amarrent ici : bateaux de croisière ou bateaux restaurants, mais tous ne seront pas là dès l'été 2013. Il y en aura, mais il faudra que chaque année vienne une nouvelle, euh, une nouvelle période des voies sur berges et je pense qu'il faut accepter à l'avance qu'il y ait une évolution permanente.

Piste 55 – Activité 7 page 81

Exemple : un projet → J'entends [ʀ].
a des jardins – **b** des plantations – **c** un lieu – **d** une berge – **e** une évolution – **f** Paris

Culture

Vidéo 11 *Sur l'eau*
Activités 7 et 8 page 83

Pour le créateur de vêtements Franck Boclet, aménager une péniche à deux pas de Paris sur les berges de la Seine était l'occasion d'habiter au milieu de la nature sans quitter la ville.
Ici, après travaux, elle fait deux cents, deux cent dix mètres carrés habitables intérieurs, plus les quatre-vingts mètres carrés de terrasse extérieure.
Il faut savoir que sur une péniche il y a deux vies différentes en fonction des saisons. Quand le printemps arrive, profitant d'une grande terrasse, du soleil, on est plus souvent dehors qu'à l'intérieur. Donc en fait, on passe cinq mois au premier niveau qui est en continuité avec la terrasse, et donc proche de la cuisine américaine, et l'hiver on est plus en bas, au chaud avec la cheminée, avec la télévision, comme une maison. J'ai voulu vraiment une chambre ouverte sur la Seine avec une salle de bains ouverte également dans la chambre avec l'impression, quand on prend un bain, d'être au niveau de l'eau.

Préparation au DELF A2

Piste 58 – Activité 1 page 87

Bonjour, Catherine Delgrange, votre conseillère Pôle emploi. Je vous appelle au sujet de votre entretien d'embauche, lundi prochain. Surtout, n'arrivez pas en retard ! Je vous conseille d'arriver un quart d'heure à l'avance. Vous devez absolument avoir une tenue correcte, mais il faut aussi que vous vous sentiez à l'aise. Prenez avec vous votre lettre de motivation et votre CV, vous pourriez en avoir besoin. N'oubliez pas d'éteindre votre portable. Appelez-moi à Pôle emploi en fin de journée, pour me dire comment ça s'est passé. Allez, bonne chance !

_ Dossier 7 : Consommer _

Leçon 25 ❚ C'est pas possible !

Vidéo 12 *C'est pas possible !*
Activités 1 à 4 page 90
Activités 2 et 3 page 96

LE PATRON : Bonjour monsieur.
SIMON LE TALLEC : Bonjour !
LE PATRON : Laissez Louise, je vais terminer. Occupez-vous de monsieur.
LOUISE LE TALLEC : Oh non ! C'est pas possible ! Bonjour monsieur. Qu'est-ce que tu fais là ?
SIMON LE TALLEC : Moi ? Rien... Bonjour mademoiselle, je cherche un cadeau pour ma femme.
LOUISE LE TALLEC : Non mais je rêve. Bien monsieur, quel genre de cadeau ?
SIMON LE TALLEC : Peut-être quelque chose pour la cuisine, un truc sympa...
LOUISE LE TALLEC : Suivez-moi ! Maman ne fait jamais la cuisine. On vient de recevoir ce nouveau robot ménager, très design, très pratique...
SIMON LE TALLEC : Il sert à quoi ?
LOUISE LE TALLEC : Ben c'est un robot... pour faire la cuisine. Il est beau, il est de forme carrée, très actuelle, en métal et en plastique.

LE PATRON : Ça va, mademoiselle Le Tallec ?
SIMON LE TALLEC : Elle fait ça très très bien.
Sa forme est originale. Quel est le plus facile
à utiliser ?
LOUISE LE TALLEC : Celui-ci est très simple.
Celui-là fait aussi des jus de fruits, avec cet
accessoire.
SIMON LE TALLEC : Lequel ?
LOUISE LE TALLEC : Celui-ci.
SIMON LE TALLEC : Des jus de fruits ! C'est une
bonne idée, ça, des jus de fruits. Quel appareil fait
des jus de fruits ?
LOUISE LE TALLEC : Celui-ci : il est électrique,
il marche tout seul... Celui-là est un modèle
de luxe, électronique, programmable, très
très pratique.
SIMON LE TALLEC : Lequel est le moins cher ?
LOUISE LE TALLEC : Celui-ci, simple et basique,
il est en verre, il est à douze euros.
SIMON LE TALLEC : J'hésite... Je vais prendre celui
à douze euros.
LE PATRON : Ouf. Pas facile celui-là. Vous êtes
patiente... C'est bien.
LOUISE LE TALLEC : J'ai l'habitude...

Piste 59 – Activité 7 page 91

a Hein ? C'est simple !
b Bon ! Non ! Pas marron !
c Prends-le en plastique blanc !
d C'est grand, c'est rond, c'est bien !
e Je cherche un robot en métal pour mon oncle.

Leçon 27 ▌ Pub radio

Piste 61 – Activités 2 et 4 page 94

Pour cette fête des Mères Boulanger, dans la
catégorie « Maman, jamais sans mon ordi », le
super prix est décerné... au portable Asus
VivoBook S500, à 599 euros au lieu de 699, éco
participation incluse ! Cet ordinateur ultrabook
avec écran tactile est en plus équipé du
processeur Intel Core i3. Retrouvez bien sûr tous
les super prix de cette fête des Mères Boulanger
en magasin et sur boulanger.fr. Merci à tous !
Boulanger. Vivons la Happy-Technologie !

Culture

Vidéo 13 *Biennale*
Activité 7 page 97

C'est une sélection de quatre-vingt-dix objets.
Des objets du quotidien, et on essaie de
démontrer que quand on aborde et qu'on utilise
l'humour, on n'est pas dans le gadget. Alors bien
entendu, on a tous un rapport à l'humour très très
différent, c'est-à-dire qu'on rit pas pour les
mêmes choses, et donc ce n'est pas une sélection
que d'objets qui vont déclencher des fous rires,
mais des objets qui vont aussi vous faire des
petits clins d'œil, des objets qui sont de bonne
humeur, qui vont déclencher chez vous quelques
réactions, vous allez juste esquisser un sourire
des fois et c'est déjà beaucoup. Donc on essaie
de démontrer vraiment que l'humour est une
fonction dans l'objet au même titre que
l'ergonomie, que l'esthétique, que que... l'humour
peut même encourager à faire des choses qu'on
n'aurait pas faites naturellement, c'est-à-dire que
l'humour peut nous prendre par la main et peut
nous encourager à faire ou même à dédramatiser
des choses de la vie.

Entraînement

Piste 64 – Activité 8 page 99

Exemple : coréenne → J'entends le féminin.
a afghan – b letton – c philippine – d australien –
e afghane – f brésilienne – g mexicaine –
h américain – i lettone – j coréen

Piste 65 – Activité 12 page 99

a J'en ai pas.
b On en a un.
c J'en ai un.
d T'en as pas.
e On n'en a pas.
f T'en as un.

vidéos et des audios

Dossier 8 : Discuter

Leçon 29 ▮ La culture pour tous

Vidéo 14 *La culture pour tous*
        Activités 1 à 4 page 102
        Activité 1 page 108

NATHALIE BONOMI : Voilà, on est arrivés.
SIMON LE TALLEC : C'est marrant ce truc...
un bateau mou...
FRANÇOISE LE TALLEC : Ah, c'est chouette...
C'est quoi ?
NATHALIE BONOMI : À Nantes, il y a des sculptures
partout dans la ville et au bord de la Loire aussi.
LUCIE BONOMI : Moi, je reviens de Marseille, et
la mairie fait exactement pareil. C'est gratuit.
C'est la culture pour tous...
LAURENT BONOMI : Ah moi, je préfère la nature pour
tous...
LOUISE LE TALLEC : Ah c'est nul, l'art contemporain.
SIMON LE TALLEC : Ah bon, tu n'aimes pas toi ?
LAURENT BONOMI : Elle a raison, l'art contemporain,
moi, je ne comprends rien. C'est intello, c'est
froid. Je préfère un beau tableau dans un vrai
musée, au calme. Premièrement, ça, ça vaut un
fric mais fou. Deuxièmement, ça n'intéresse
personne.
SIMON LE TALLEC : C'est sympa ce truc, là.
LAURENT BONOMI : Simon, mais tu rigoles... Mais
enfin regarde ! C'est de l'art, ça ?
NATHALIE BONOMI : Et... c'est quoi l'art, mon chéri,
pour toi ?
LAURENT BONOMI : Ben l'art, c'est quand c'est
beau.
JULIETTE BONOMI : Je ne vous comprends pas. Moi
je trouve ça beau. C'est poétique, ça surprend.
LAURENT BONOMI : Ouais...
NATHALIE BONOMI : Allez mon chéri, commence à
beurrer les sandwichs !
SIMON LE TALLEC : Allez ! Au boulot, je vais t'aider.
LAURENT BONOMI : Quand même, quand je pense
que ce truc...
NATHALIE BONOMI : Oh toi...
JULIETTE BONOMI : Mais moi, ça me laisse froid
des trucs comme ça.

NATHALIE BONOMI : Assez ! Les sandwichs !
On a faim !
HUGO LE TALLEC : Moi, je ne vais jamais dans
les musées.
JULIETTE BONOMI : On va voir le bateau ?

Piste 66 – Activité 6 page 103

Exemple : la culture → J'entends [k].
a le fric – **b** poétique – **c** C'est grand. –
d l'art contemporain – **e** Regarde !

Leçon 31 ▮ L'actu des régions

Piste 69 – Activités 2 à 4 pages 106-107

MARIE-CHRISTINE LAURIOL : L'histoire de la semaine,
à Marseille, c'est la réouverture au public de la
digue du large sur le port autonome. Sept
kilomètres de promenade face à la Méditerranée,
et, capitale européenne de la culture oblige,
la découverte des œuvres monumentales de
Kader Attia. De gigantesques blocs sur lesquels
le visiteur pourra marcher ou se reposer.
Jean Iborra est le directeur des expositions
de « Marseille Provence 2013 ».
JEAN IBORRA : C'est une œuvre monumentale qui
est constituée de trois îlots de béton qui évoquent
l'architecture méditerranéenne, le blanc
immaculé des toits en Espagne, au Maroc, en
Algérie... On peut venir pique-niquer, on peut
venir euh... lire, on peut venir euh... discuter
en famille, entre amis ; et on bénéficie donc, sur
ces terrasses, à la fois du point de vue sur la ville,
qui est sublime parce que c'est la vue de la ville
qu'on a d'habitude en arrivant en bateau, donc
qu'on n'a jamais de la ville d'habitude, et aussi
on a le point de vue sur le large.
MARIE-CHRISTINE LAURIOL : L'accès se fait
uniquement par la mer, en navettes gratuites,
départ du fort Saint-Jean, à l'extrémité du Vieux-
Port.
Marseille, Marie-Christine Lauriol.

Piste 70 – Activité 6 page 107

Exemple : la digue → J'entends [d].
a le visiteur – **b** le départ – **c** sept kilomètres –
d un point de vue – **e** l'architecture – **f** découvrir

Culture

Vidéo 15 *Le MuCEM*
Activité 9 page 109

FEMME : C'est quand même quelque chose de grandiose.

HOMME 1 : Espérons que ce soit un nouveau départ pour Marseille.

HOMME 2 : Positif pour moi sur le plan de l'identité marseillaise qui mérite de faire connaître ses secrets.

VOIX OFF : À l'intérieur, les yeux des visiteurs brillaient devant ces expositions tournées vers la mer, cette Méditerranée qui baigne Marseille et que le MuCEM montre sous toutes ses facettes.

HOMME 3 : On est dans un lieu coloré et magique.

HOMME 4 : Ça met en lumière Marseille et ça nous donne, nous, l'occasion, Marseillais, de revisiter un truc, finalement on ne le visitait pas, on ne le connaissait pas nous-mêmes.

VOIX OFF : Dominant ce paysage superbe, le MuCEM est désormais le trait d'union de tous les Marseillais.

Entraînement

Piste 71 – Activité 1 page 110

L'exposition était super ! J'ai aimé tous les tableaux. Il y avait beaucoup de personnes. J'ai rencontré beaucoup d'amis. Je vais toujours voir ce type d'exposition parce que c'est toujours bien. J'y retournerai samedi prochain.

Préparation au DELF A2

Piste 75 – Activité 1 page 113

Salut ! C'est Julien. J'ai une idée de cadeau pour l'anniversaire de Marc. Un ordi portable ! Qu'est-ce que tu en penses ? Il en a déjà un mais il est vieux et ne fonctionne plus très bien. J'en ai vu un chez Darty, c'est un Acer. Il est à 600 euros et il y a 20 % de réduction si on l'achète avant le quinze septembre. Ça le fait à 480 euros, c'est intéressant, non ? Juliette et Sophie veulent bien partager le prix. On paierait donc chacun 120 euros. Rappelle-moi à dix-huit heures s'il te plaît pour me donner ton avis. À plus !

La carte de la France

RÉGION ÎLE-DE-FRANCE

VAL-D'OISE
YVELINES
SEINE-SAINT-DENIS
HAUTS-DE-SEINE
PARIS
VAL-DE-MARNE
ESSONNE
SEINE-ET-MARNE

50 km

NORD-PAS-DE-CALAIS
PAS-DE-CALAIS
NORD
SOMME
HAUTE-SEINE-MARITIME
PICARDIE
AISNE
ARDENNES
CHAMPAGNE-ARDENNE
OISE
NORMANDIE
MANCHE
CALVADOS
EURE
ÎLE-DE-FRANCE
MARNE
MEURTHE-ET-MOSELLE
MOSELLE
BAS-RHIN
BASSE-NORMANDIE
ORNE
SEINE-ET-MARNE
MEUSE
ALSACE
CÔTES-D'ARMOR
FINISTÈRE
BRETAGNE
MAYENNE
EURE-ET-LOIR
AUBE
HAUTE-MARNE
LORRAINE
VOSGES
ILLE-ET-VILAINE
SARTHE
ARDENNE
HAUT-RHIN
MORBIHAN
PAYS DE LA LOIRE
LOIR-ET-CHER
LOIRET
YONNE
HAUTE-SAÔNE
FRANCHE-COMTÉ
TERRITOIRE DE BELFORT
LOIRE-ATLANTIQUE
MAINE-ET-LOIRE
CENTRE
CÔTE-D'OR
DOUBS
INDRE-ET-LOIRE
CHER
NIÈVRE
BOURGOGNE
VENDÉE
DEUX-SÈVRES
VIENNE
INDRE
SAÔNE-ET-LOIRE
JURA
ALLIER
POITOU-CHARENTES
CREUSE
AUVERGNE
AIN
HAUTE-SAVOIE
CHARENTE-MARITIME
HAUTE-VIENNE
PUY-DE-DÔME
LOIRE
RHÔNE
SAVOIE
CHARENTE
LIMOUSIN
RHÔNE-ALPES
CORRÈZE
HAUTE-LOIRE
ISÈRE
DORDOGNE
CANTAL
ARDÈCHE
DRÔME
HAUTES-ALPES
GIRONDE
LOT
LOZÈRE
PROVENCE-
Parc du Mercantour
ALPES-DE-HAUTE-PROVENCE
ALPES-MARITIMES
LOT-ET-GARONNE
MIDI-
AVEYRON
AQUITAINE
TARN-ET-GARONNE
GARD
VAUCLUSE
ALPES-
LANDES
PYRÉNÉES
HÉRAULT
BOUCHES-DU-RHÔNE
VAR
CÔTE D'AZUR
GERS
TARN
PYRÉNÉES-ATLANTIQUES
HAUTE-GARONNE
LANGUEDOC-
HAUTES-PYRÉNÉES
AUDE
ARIÈGE
ROUSSILLON
PYRÉNÉES-ORIENTALES
HAUTE-CORSE
CORSE
CORSE-DU-SUD

100 km

159

La carte de la francophonie

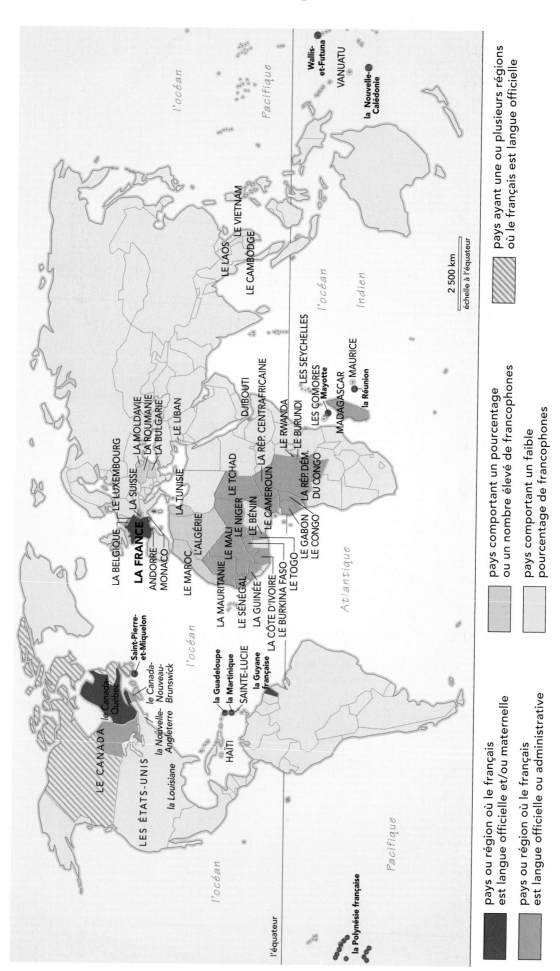

Achevé d'imprimer par L.E.G.O. S.p.a. - Italie - Dépôt légal : janvier 2014 - Collection n°12 - Édition 01 - 15/6055/6